novum pro

AF160526

Gerhard Buzek
Gabriela Leone
Halina Sobolewska

Moderne Menschenführung
Leadership kann man lernen!

www.novumverlag.com

Bibliografische Information
der Deutschen Nationalbibliothek:

Die Deutsche Nationalbibliothek
verzeichnet diese Publikation in
der Deutschen Nationalbibliografie.
Detaillierte bibliografische Daten
sind im Internet über
http://www.d-nb.de abrufbar.

Alle Rechte der Verbreitung,
auch durch Film, Funk und Fernsehen,
fotomechanische Wiedergabe,
Tonträger, elektronische Datenträger
und auszugsweisen Nachdruck,
sind vorbehalten.

© 2015 novum Verlag

ISBN 978-3-99048-510-1
Umschlagfoto:
Vectomart | Dreamstime.com
Umschlaggestaltung, Layout & Satz:
novum Verlag
Innenabbildungen:
Gerhard Buzek, Gabriela Leone,
Halina Sobolewska (23)

Gedruckt in der Europäischen Union
auf umweltfreundlichem, chlor- und
säurefrei gebleichtem Papier.

www.novumverlag.com

Inhaltsverzeichnis

Brief an unsere Leserinnen und Leser 7

1 Einleitung 9

2 Management, Führung und Leadership:
Eine Positionsbestimmung............................. 13
   2.1 Führung in Geschichte und Gegenwart 14
   2.2 Die Prinzipien von Yin und Yang 17
   2.3 Führung, Management und Leadership:
       Kleine Unterschiede – große Wirkung 19
   2.4 Management – oder die Technisierung
       von Führung 21
   2.5 „In Leaders we trust!" –
       Führung durch Persönlichkeit 23

3 Leader 2.1 – Idealbild eines
Leaders von morgen 27
   3.1 Die DNA des Leaders: 14 Leadership-Merkmale 42
     3.1.1 Authentizität, Selbstwertgefühl,
        Selbstbewusstsein 43
     3.1.2 Gelassenheit, Achtsamkeit,
        Einfühlungsvermögen 51
     3.1.3 Kommunikationsfähigkeit, Begeisterungsvermögen,
        Konfliktlösungskompetenz 57
     3.1.4 Entscheidungsfreude, Kreativität
        und Belastbarkeit 63
     3.1.5 Durchsetzungsvermögen und Mut 70

4 Entwicklungsgrundlagen für Leader von morgen 75
   4.1 Entwicklung der Persönlichkeit 76
   4.2 Entwicklung der Sozialkompetenz 80
   4.3 Entwicklung der Leadership-Merkmale 88
   4.4 Führungsstile: „Theoretische Orientierungen
        für Wissensdurstige" 93
       4.4.1 Das GRID-Modell von Blake & Mouton 94
       4.4.2 Das Reifegrad-Modell: Situatives Führen
           nach Hersey & Blanchard 96
       4.4.3 Das Führungsstilkontinuum von
           Tannenbaum & Schmidt. 98
       4.4.4 Transaktionale und transformationale
           Führung nach Burns, Bass und Avolio 100
       4.4.5 Führung durch Zielvereinbarungen:
           Das MbO-Modell von Drucker. 103

5 Leadership lernen durch Tun 105
   5.1 Was ist Lernen? Was ist Erfahrung?
        Was ist Handeln? 105
   5.2 Erfahrungsbasierter Lernzyklus nach David Kolb 113
   5.3 Zusammenfassende Erläuterung „Lernen" 117
   5.4 Zusammenfassende Erläuterung „Tun" 118
   5.5 Die Kraft der Verbindung aus Lernen und Tun 119
   5.6 Die Quintessenz: **Das Leadership-Labor** 120

6 Tu es – jetzt! 125

7 Literaturliste 127

8 Abbildungsverzeichnis 131

9 Autorenporträts 133

Brief an unsere Leserinnen und Leser

Sehr geehrte Leserin, sehr geehrter Leser!

Als wir mit der Recherche und Arbeit für dieses Buch begannen, hatten wir verschiedene Fragen jedoch ein gemeinsames Ziel vor Augen: Es war unser Wunsch, die bestehende Verwirrung rund um die Begriffe Leadership, Führung und Management aus unserer gemeinsamen Sicht klarzustellen. Unsere jahrelange Praxis im Bereich Consulting führte uns in zahllosen gehaltenen Seminaren immer wieder vor Augen, wie unscharf diese Begriffe allesamt gehandhabt wurden. Wir konnten uns immer wieder davon überzeugen, wie stark das Bedürfnis nach Leadership-Modellen und -Rezepten ausgeprägt war, anstatt danach, Methoden zu entwickeln, um *Leadership tatsächlich zu erlernen* und *zu leben*.
Zwei Fragenbereiche waren dabei für uns zentral und somit richtungsweisend:
1. Wie sieht das Idealbild eines Leaders von morgen aus?
2. Auf welche Weise kann Leadership erlernt und perfektioniert werden?

Die wesentlichen Antworten zu diesen Fragen halten Sie, werte Leserin, werter Leser soeben in Ihren Händen. Leadership *kann* erlernt werden. *Sie können* Leadership erlernen. Modelle und Methoden für erfolgreiches Leadership sowie die Voraussetzungen für Leader werden in den nachfolgenden Kapiteln kompakt vorgestellt und ausgeführt. Unser Buch richtet sich dabei sowohl an routinierte, erfahrene Leader als auch an jene, die gerade Führungspositionen erlangt haben oder planen, dies in naher Zukunft zu tun.

Dem Leadership-Neuling bietet dieses Buch eine zusammenfassende Anleitung, was unter Leadership zu verstehen ist und wie dessen komplexe Aufgabenstellungen bewältigt werden können. Für den Leadership-Profi sind die folgenden Kapitel als Referenzpunkte geschrieben, die ihm im weiten Feld der vielfältigen Führungsaufgaben helfen, seinen eigenen Entwicklungsweg und seine tägliche Leadership-Praxis zu überprüfen. Von der Geschichte des Leaderships bis in die Gegenwart und Zukunft der heutigen Generationen X, Y und Z reichen unsere Überlegungen. Wirtschaftstheoretische Fundierung und praxisnahe Gesamtdarstellung waren und sind unsere Anliegen.

Wir wünschen Ihnen eine spannende Lektüre und viel Leadership-Erfolg!

Gerhard Buzek, MAS, MTD

Gabriela Leone, MA

Mag. Halina Sobolewska, MAS

Aus Gründen der besseren Lesbarkeit wird in diesem Buch bewusst auf die gleichzeitige Verwendung männlicher und weiblicher Sprachformen verzichtet. Sämtliche Bezeichnungen, insbesondere Personenbezeichnungen, gelten gleichwohl und stets für beiderlei Geschlecht.

1 Einleitung

Das vorliegende Buch ist *kein* Hand- oder Lehrbuch, sondern ein *Denkbuch*! Es bietet seinen Leserinnen und Lesern – wie die Autoren hoffen – wirkungsvolle Methoden und wertvolle Anregungen an. Auf ihrem individuellen Weg zur Erlangung bzw. Verbesserung von Leadership-Qualitäten sollen seine Leserinnen und Leser darin nützliche Gedanken finden, aus denen sie wählen können. In diesem Sinn soll das Buch auch die Funktion einer Entscheidungshilfe erfüllen.

In einer immer komplexer werdenden Welt der Globalisierung verändern sich die gewohnten Strukturen immer rascher oder lösen sich völlig auf, werden ausgelöscht und ersetzt. Gegenwärtig ist Veränderung in den seltensten Fällen etwas, das plötzlich auftaucht und überraschend eintritt, denn Veränderung *ist* bereits der Zustand unserer Welt. Die Ausläufer der Veränderung, dem Dauerzustand der Wirtschaft, Politik und Gesellschaft, finden sich im Leben jedes Einzelnen wieder. Das, was jedoch die Welt an sich und insbesondere jene der Wirtschaft auch zukünftig zusammenhalten kann, ist *Leadership*.

Das Kapitel „*Management, Führung und Leadership*" stellt eine erste Positionsbestimmung dar: Was ist Leadership? Wodurch unterscheiden sich Management und Leadership? Ist Führung der Überbegriff von beiden? Um sich diesen Begriffen anzunähern, erfolgt zunächst eine kurze Geschichte der Führung. Wie haben sich Führung und Leadership von der Steinzeit bis ins 21. Jahrhundert überhaupt entwickelt? Wie und wodurch gewann der Begriff Management in unserem Sprachgebrauch die Oberhand? Einige fernöstliche Ansätze und Prinzipien werden unseren abendländischen Traditionen bzw. europäischen Ideen vergleichend gegenübergestellt. Aus diesen werden schließlich die Gemeinsamkeiten und Unterschiede von *Leadership*, *Management* und *Führung* herausgearbeitet. Im Falle sämtlicher Ausprägungen von Leadership und Management spielt die Persönlichkeit eine zentrale Rolle. Die wichtigsten Persönlichkeitsfaktoren von Menschen finden in diesem Kapitel Erwähnung. Aus Schlüsseleigenschaften werden Persönlichkeitsprofile gebildet, die zwar vorgegeben, jedoch nicht starr und unveränderlich sind, denn Menschen sind ihr gesamtes Leben hindurch lernfähig.

Im Kapitel *„Leader 2.1 – Idealbild eines Leaders von morgen"* wird das Idealbild eines Leaders der Zukunft skizziert und analysiert. Welche Anforderungen und Ansprüche werden an den Leader der Zukunft gestellt? Welcher Typus des Leaders wird in den kommenden Jahrzehnten bestimmend werden? Um diese Fragen zu beantworten, wird ein Exkurs zu den Generationen Y und Z unternommen. Unterscheidungsmerkmale dieser Generationen zur Vorgängergeneration X werden im Bezug auf Leadership herausgehoben. Im Anschluss daran wird die „DNA des Leaders" anhand der 14 zentralen Leadership-Merkmale analysiert. Diese Persönlichkeitsmerkmale werden nicht als psychologische Diagnostik oder gar tabellarisch abgehandelt, sondern es wird nach Merkmalen gesucht. Nach jenen Eigenschaften, deren Effekte für Leadership von besonderer Bedeutung sind. Keine dieser Persönlichkeitseigenschaften kommen in Reinform vor, sondern stets in verschiedensten Mischformen und unterschiedlichen Zusammensetzungen.

Darauf aufbauend fragt das Kapitel *„Entwicklungsgrundlagen für Leader von morgen"* nach den Möglichkeiten diese Persönlichkeitseigenschaften zu entwickeln, mit dem Ziel, die Stärken im Bezug auf Leadership zu verbessern. Diesem Kapitel liegt die Annahme zugrunde, dass Leadership erlernbar ist. Wenn also an den Persönlichkeitseigenschaften gezielt angesetzt wird, deren Stärken verstärkt und die Schwächen im Bezug auf Leadership verringert werden, dann können – so unser Ansatz – die zentralen Leadership-Qualitäten zur Geltung gelangen und ihre Wirkung entfalten. Der Weg führt demzufolge von der *Authentizität*, dem *Selbstwertgefühl* und dem *Selbstbewusstsein* zur Entwicklung der für Leader essenziellen

Sozialkompetenz. Den Abschluss dieses Kapitels bilden einige der wichtigsten wirtschaftstheoretischen Führungsmodelle. Sie sollen nicht „trockene Theorie" vermitteln, sondern jene Bezugspunkte abstecken, innerhalb welcher sich Leadership und Management herausgebildet haben. An den Führungsmodellen kann gezeigt werden, dass es trotz völlig unterschiedlicher Führungsstile stets *ein* gemeinsames Beziehungsdreieck gibt, bestehend aus *Führendem*, *Geführtem* und *Situation*.

Das abschließende Kapitel trägt den Titel „*Leadership lernen durch Tun*". Leadership, so unsere These, ist einer jener Bereiche, bei welchem der Lernprozess keinesfalls nur aufgrund theoretischer Vermittlung funktionieren kann. Im Falle von Leadership ist der Lernprozess stärker als in anderen Wissensgebieten vom Tun und Handeln des Lernenden abhängig. Die *14 Leadership-Merkmale* und die auf diesen basierenden Entwicklungsgrundlagen für Leader werden mit den Elementen *Lernen, Erfahrung* und *Handeln* in Beziehung gesetzt. Diese drei Elemente bilden den Rahmen und das Gerüst, in welchem sich Leadershipeigenschaften entwickeln und perfektionieren lassen.

Lernen und *Tun* können auch Symbiosen miteinander eingehen. Die Verbindung aus Lernen und Tun ist das sogenannte *erfahrungsbasierte Lernen*, dem ebenfalls ein Unterkapitel gewidmet ist. In diesen Abschnitten wird gezeigt, welchen Einfluss die aktive, handelnde Auseinandersetzung mit Problemstellungen besitzt und welchen positiven Effekt diese auf den Lernprozess und insbesondere den Lernfortschritt besitzt. Aus der Verbindung von Lernen und Tun entstehen nicht nur bemerkenswerte Resultate, sondern es werden auch Kräfte freigesetzt; Erlebnisse und Erfahrungen werden als Handlungselemente in den Lernprozess eingebracht.

Die methodische Quintessenz dieser Vorgangsweise ist das sogenannte *Leadership-Labor*. Wie in einem experimentellen Labor werden im *Leadership-Labor* Entwicklungsprozesse des Führungs-Lernens in Gang gesetzt; es werden Versuche gemacht, Positionen ausgelotet und Grenzen erfahren. Das Leadership-Labor ermöglicht jene Lernmöglichkeiten, welche die Unternehmenswelt außerhalb des Labors nicht oder nur sehr eingeschränkt bieten kann. Die durchlaufenen Erlebnisse und vielfältigsten Erfahrungen können wie Werkzeuge aus dem Labor in die Welt der Wirtschaft und der Organisationen mitgenommen werden, um dort in Führungssituationen erfolgreich zur Anwendung gebracht zu werden.

2 Management, Führung und Leadership: Eine Positionsbestimmung

Bedeutet *Management*, „die Aufgaben *richtig* zu tun" und *Leadership*, „die *richtigen* Aufgaben *zu tun*"? Was verstehen wir unter *Management, Führung* und *Leadership*? Woher kommen diese Begriffe und wieso ist es wichtig, sie zu unterscheiden? Welche Gemeinsamkeiten besitzen sie und was unterscheidet sie fundamental voneinander? Wodurch wirken *Leader* und was sind die Merkmale ihres Führungserfolgs? Kann erfolgreiches *Leadership* erlernt werden und wenn ja, auf welche Weise?

Am Beginn unserer Antworten steht *keine Definition*, sondern ein kurzer gedanklicher Sprung in eine spannungsgeladene Situation: Wer kennt sie nicht? Die tausenden US-amerikanischen Filmszenen, in denen die Kriminalbeamten am Tatort gerade mit ihren Ermittlungen beginnen und plötzlich mehrere Männer des FBI mit den Worten auftreten: *„Wir übernehmen jetzt den Fall!"* Wir beobachten die Situation und erkennen: Die *Führung* wird in diesem Moment von den lokalen Ermittlern zu den FBI-Beamten „hinübergereicht", die Führung wird *übertragen* und damit *übergeben*. *Zuständigkeit*, *Verantwortung* und somit auch *Leadership* und *Management* des gesamten Falles wechseln von einer Gruppe zur nächsten.

Wir kennen jedoch auch jene Art der Führung, die in zahllosen zwischenmenschlichen Situationen automatisch entsteht. Situationen, in denen keinerlei *Leader* bestimmt werden, sondern sich *herausbilden*. Um diese Art des „natürlichen" Führungsverhaltens zu untersuchen, wurden in den 1950er Jahren in den USA Versuche[1] mit

---

1 Die Experimente mit Kleingruppen wurden ab den frühen 1950er Jahren unter der Leitung des US-amerikanischen Sozialpsychologen *Robert F. Báles* durchgeführt; vgl. Báles et al., 1951, S. 466 ff.

kleinen Gruppen von Testpersonen unternommen. Die Versuchsteilnehmer, die einander davor noch nie gesehen hatten, wurden in kleine Teams gruppiert und bekamen Aufgaben, die sie gemeinsam lösen sollten. In sämtlichen der Teams konnten bereits nach relativ kurzer Zeit einzelne Gruppenmitglieder beobachtet werden, welche Ihrerseits die Teams stärker zu beeinflussen in der Lage waren, als sie selbst durch die Teams beeinflusst wurden. Dieses *Leadership-Verhalten* konnte nicht nur von außen durch die Beobachter festgestellt werden, sondern wurde auch vonseiten der anderen Teammitglieder zunächst *registriert* und sodann *angenommen*.

Wieso? Ein kurzer Ausflug in unsere Vergangenheit könnte einige Erklärungen bieten.

2.1 Führung in Geschichte und Gegenwart

Führung reicht zurück an den Anfang der Menschheitsgeschichte. Die urzeitlichen Menschen lebten in Kleingruppen zusammen und mussten um ihr tägliches Überleben und das ihrer Gruppe kämpfen. Es war eine überaus gefährliche, feindliche Umgebung in der zumeist Gruppen höhere Überlebenschancen besaßen als Einzelkämpfer. Daher hatte jedes Mitglied auch bestimmte Aufgaben für sich selbst und für die Gemeinschaft zu erfüllen. Und bereits zu diesem Zeitpunkt mussten Entscheidungen getroffen werden, Zuständigkeiten verteilt werden und Verantwortungen übernommen werden, je nach Fähigkeit und Geschick der einzelnen Mitglieder. Je besser die *Führung* einer steinzeitlichen Gruppe funktionierte, umso besser „performte" diese im Wettbewerb gegen das Umfeld. Die Qualität des *Leaderships* brachte bereits zu Zeit der frühen Jäger- und Sammlerzivilisationen Vorteile für gut geführte Kollektive.

In den Jahrtausenden der Hochkulturen Ägyptens bildeten sich komplexe Strukturen von *Führung* heraus. Die Hieroglyphen kannten bereits vor etwa 5.000 Jahren eindeutige Zeichenkombinationen, welche *Führung*, *Führer* und sogar *Geführte* symbolisierten. Und auch in den Gesetzestexten des babylonischen Königs *Hammurapi I.* (18. Jahrhundert v. Chr.) wurden Fragen des Königtums sowie des Gehorsams des Volkes, als Rechte und Pflichten thematisiert. Der *Trojanische Krieg* (13. Jahrhundert v. Chr.) und seine Helden, von *Odysseus* über *Hektor* bis *Agamemnon* besitzen in den Erzählungen des *Homer* nicht nur übermenschlichen Mut, sondern auch für ihre Zeit unvergleichliche *Führungsqualitäten*. Nur durch *Leadership* konnte *Odysseus* auf seinen jahrelangen Irrfahrten sich und seinen Gefährten Hoffnung und Perspektive vermitteln. Er versetzte sie damit in die Lage, einander durch Spitzenleistungen aus den schrecklichsten Gefahren zu befreien.

Zwischen dem sechsten und vierten Jahrhundert v. Chr. entstanden – beinahe gleichzeitig – großartige Gedankengebäude der Philosophie: In Ostasien und in Südeuropa, aus damaliger Sicht an unendlich weit voneinander entfernten Punkten der antiken Welt. Zeitlich zuerst entstanden die Lehren des *Konfuzius* in China, in deren Zentrum die Menschen und die sie umgebende Ordnung standen. Ordnung beinhaltete für Konfuzius besonders auch die menschlichen Elementarbeziehungen; die Verhältnisse zwischen Eltern und Kindern oder auch zwischen Vorgesetzten und Untergebenen. Wie in einem Spiel, das durch Spielregeln erst ermöglicht wird, war und ist auch die Beibehaltung der menschlichen Verhältnisse zumeist von Hierarchien gekennzeichnet. In diesen stellten Führung, Gehorsam und Respekt wichtige Elemente dar.

Zeitlich nach Konfuzius nahm sich die griechische Philosophie – allen voran *Platon* und *Aristoteles* – des Themas der Führung intensiv und systematisch an. In der Zeit der griechischen Antike wird *Führung* bereits sehr konkret gedacht und diskutiert. *Platon* und sein Schüler *Aristoteles* entwarfen zahlreiche, bis weit in die Neuzeit hinein gültige Lehrsätze über das komplexe Gefüge eines Staates und seiner Führung. Die griechischen Philosophen erkannten die *Wichtigkeit der Führung* und konnten diese auch an zahlreichen Beispielen der antiken Herrschaftssysteme zeigen. Im Kern ihrer Beobachtungen und Gedanken stand dabei der Mensch, der seine jeweilige Aufgabe in einem theoretischen „idealen Staat" nach seinen Talenten zu übernehmen habe.

Ähnlich wie in einem modernen Unternehmen gab es in diesem „idealen Staat" der Antike *Führende* und *Geführte*. Jeder Mensch konnte grundsätzlich jede Position erlangen, je nach Charakter und Kompetenz. Die verschiedenen Stände, von Bauern und Handwerkern über Wächter und Soldaten, bis hin zum führenden Stand der Philosophenkönige, standen zueinander in hierarchischen Verhältnissen. Damit waren ausdrücklich *Prinzipien des Verhaltens* angesprochen, ohne die ein soziales Gefüge nur schlecht funktionierte. Das *Verhalten* ist unschwer als *Führungsverhalten* und als *Führungskompetenz* identifizierbar; und aus dieser Epoche stammt auch das Wort *Strategie*. Es leitet sich von *stratēgós* ab, dem militärischen Führer der griechischen Klassik.

Das erste antike *Weltreich* der Menschheitsgeschichte, das *Römische Reich*, bestand bis in seine hintersten Winkel aus *Strategie* und *Führung*. Die Strukturen des Staatswesens, seine militärische Organisation, die internationalen Handelsbeziehungen und seine kulturellen Errungenschaften, sie alle waren durchdrungen von *Führung* und *Ordnung*. Wie in der Antike üblich, wurden fremde Völker unterworfen und sodann *geführt*. Die Führung kannte engere und weitere Formen, Freie und unterworfene Sklaven. Die großen *Leader* der römischen Kaiserzeit waren allesamt durch militärische, politische und menschliche *Führungsstärke* gekennzeichnet. Sie alle, von *Caesar* über *Augustus* bis *Trajan*, hatten darüber hinaus noch eine weitere Stärke, die sie im römischen Senat, auf dem Forum Romanum und bei ihren Truppen ausspielen konnten: *Persönlichkeit* und *Charisma*.

Der *ideale Fürst des Mittelalters* wurde von Machiavelli um das Jahr 1500 beschrieben und als politischer Lösungsversuch für das in kleinste Fürstentümer zersplitterte Italien gedacht. Der Fürst war ein teils *harter*, teils *skrupelloser Führer*, kein Diktator, eher der Typus des gnadenlosen Managers. Für den Erfolg war ihm buchstäblich jedes Mittel recht, und er ging im Mittelalter im wahrsten Sinne des Wortes über Leichen. Die Fürstentümer, König- und Kaiserreiche, ihre politischen Strukturen und wirtschaftlichen Verflechtungen erforderten im Laufe der Jahrhunderte immer differenziertere

Formen der *Führung* und *Organisation*; und das trotz ihrer bäuerlichen Strukturen. Mit zunehmendem Handel und größer werdenden Gewerben wurden *arbeitsteilige Prozesse* wichtiger, wodurch *Führung* und *Entscheidung* weiter an Bedeutung gewannen.

Die Industrielle Revolution des 19. Jahrhunderts förderte schließlich die ersten Formen dessen zutage, was wir heute im weitesten Sinne unter *Führung* verstehen: *Führung* sollte in den Manufakturen des 19. Jahrhunderts lediglich das *Verhalten der Geführten* zwecks Zielerreichung bestimmen. Erst allmählich entstanden daraus jene Ansätze und Konzepte, die wir heute als *Leadership*, *Führung* und *Management* kennen. Langsam entwickelten sich die Fragen in die Richtung von: *Wie muss Führung erfolgen, damit einzelne Menschen, Teams oder ganze Unternehmen genau das tun, was unsere Unternehmensziele verlangen?* Kriterien der *Führungsebenen* und *-felder* sowie des *Führungsverhaltens* und *-stils* entstanden im Laufe des 20. Jahrhunderts, die *Führungsforschung* war geboren.

Mit steigender Komplexität der Wirtschaft und der Unternehmensstrukturen wurden und werden auch die Ansätze von *Management*, *Führung* und *Leadership* vielfältiger. Sie variieren heute in ihren Methoden bisweilen erheblich und doch haben Sie *alle einen gemeinsamen Kern und Ausgangspunkt*: Das Verhalten von Menschen soll im positiven Sinne *beeinflusst* – nicht manipuliert – werden. Dass diese Gedanken nicht nur europäischer und amerikanischer Herkunft sind, zeigt ein kurzer und zugleich überaus hilfreicher Blick nach Asien, in den Fernen Osten dieses Kontinents.

2.2 Die Prinzipien von Yin und Yang

Yin und *Yang* sind zwei zentrale Begriffe, die aus der chinesischen Philosophie stammen. Die beiden gegensätzlichen Bezeichnungen besitzen jeweils mehr als eine Bedeutung, wobei sie jeweils eine Gruppe von Grundsätzen bilden: *Yin* steht für hell, hart, heiß und sonnig, für Aktivität sowie für das männliche Prinzip. *Yang* hingegen bezieht sich auf Dunkles, Weiches, Schattiges und Kühles, es steht für Ruhe und für das weibliche Prinzip.

Yin und *Yang* spielen nicht nur im chinesischen Denken seit Jahrtausenden eine wichtige Rolle. Sie fanden auch Eingang in die klassische chinesische Medizin und stellen wichtige Prinzipien chinesischer Kampfsportarten, wie Tai-Chi oder Qigong dar. *Yin* und *Yang* sind Orientierungspunkte und bezeichnen auch das rechte Maß des Gleichgewichtes.

Ordnet man diesen beiden Gruppen von Grundsätzen die Eigenschaften von *Management* und *Leadership* zu, so erkennt man, dass *Yin* auf *Management* und *Yang* auf *Leadership* bezogen werden kann.

Abbildung 1: Die Prinzipien Yin und Yang – Management und Leadership[2]

---

2 Quelle: Eigene Darstellung in Anlehnung an Kaplan & Kaiser, 2013.

Wie in der Abbildung beschrieben, sind bereits die Zugänge zu *Management* und *Leadership* völlig unterschiedliche. Das *Management (Yin)* läuft nach der klassischen Reihenfolge von Planung, Durchführung und Kontrolle ab und ist umsetzungsorientiert. Was zählt, ist das Ergebnis, auftretende Probleme sind dazu da, um gelöst zu werden. Das System wird nicht hinterfragt, sondern an die neuen Anforderungen und Ziele angepasst. Die Tätigkeit innerhalb des Paradigmas kann nur dann höhere Erträge liefern, wenn die Unternehmensprozesse stets noch effizienter gemanagt werden.

Leadership (Yang) hingegen nimmt das Ganze der Aufgabe in den Blick. Durch Übersicht, Ruhe und aufgrund des Respekts vor den Menschen entsteht Vertrauen. Auf dieser Grundlage werden Mitarbeiter dazu angeregt, sich ihrer Fähigkeiten bewusst zu werden und in die Lage versetzt, ihren Fähigkeiten gemäß hervorragende Leistungen zu erbringen. *Leadership* ist offen für neue Ideen und ermutigt dazu, Dinge nicht nur anders zu sehen, sondern auch anders umsetzen zu können. Ein neues Paradigma kann entstehen, das System vermag sich zu wandeln, *Leadership* ist bereit für Veränderung und stellt sich in den Dienst der gestellten Aufgaben.

2.3 Führung, Management und Leadership: Kleine Unterschiede – große Wirkung

An diesem Punkt angelangt, soll nunmehr eine erste Unterscheidung der Begriffe *Führung*, *Management* und *Leadership* unternommen werden, um die thematische Richtung unseres Buches zu verdeutlichen.

Dabei erscheint es uns wichtig zu betonen, dass für uns der englische Begriff *Leadership* nicht einfach nur eine Übersetzung von *Führung* bedeutet. Leadership ist jener Teil der Führung, der für Begriffe wie *innere Werte, Lebensführung, Haltung und Einstellung* steht. Leadership ist Führung als Grundhaltung *und* als Geisteshaltung.

Die grafisch dargestellte übergeordnete Position der *Führung* soll zum Ausdruck bringen, dass diese *sowohl* Management *als auch* Leadership beinhaltet. *Führung* als gemeinsames Dach, stellt eine Art „inneres Bindeglied" für das Funktionieren *von Management und von Leadership* dar:

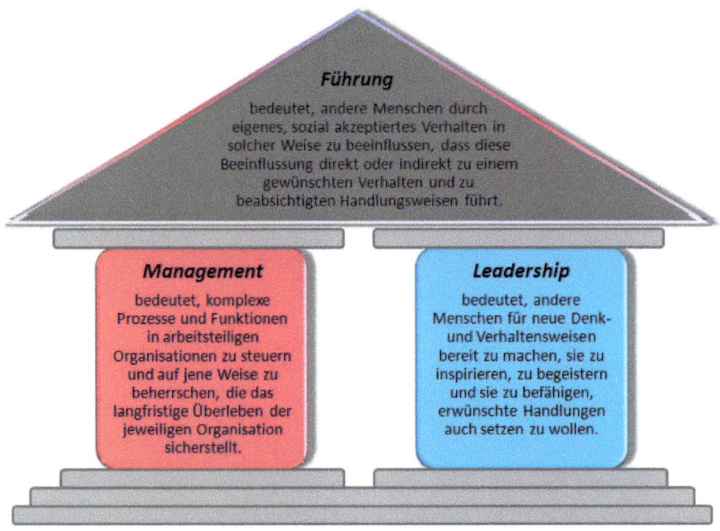

Abbildung 2: Gegenüberstellungen von Führung, Management und Leadership[3]

Management benötigt zu seiner Verwirklichung Techniken, d. h. Werkzeuge, die das erreichen festgelegter Ziele ermöglichen: *Management legt fest und setzt Verhaltensweisen um.*

Leadership verwirklicht und erreicht diese Ziele ebenfalls über den Weg des Führens, jedoch bringt Leadership die *Persönlichkeit* zum Einsatz, die *Werthaltungen* und die *Art zu denken*: *Leadership erweckt und setzt Verhaltensweisen in Gang.*

---

3 Quelle: Eigene Darstellung

2.4 Management – oder die Technisierung von Führung

„*Nichts ist so beständig, wie der Wandel.*"[4] Zahllose Managementmodelle entstanden in den vergangenen Jahrzehnten und sie entstehen weiter, am laufenden Band. Von unzähligen „*Management durch* …"-Theorien, von mehr oder weniger autoritären *Führungsansätzen* bis hin zu situationsorientierten und verhaltensorientierten Modellen reichen die Variationen. Die *Management- und Personalführungsmodelle* füllen die betriebswirtschaftlichen und psychologischen Bibliotheken der Welt.

Der in Wien geborene Ökonom und Wirtschaftsberater *Peter F. Drucker* entwickelte in den 1950er Jahren seine bekannte Theorie *MbO, Management by Objectives,* das *Führen durch Zielvereinbarungen.* Im Laufe der Jahrzehnte seiner Lehr- und Beratungstätigkeit wurde *Peter F. Drucker* jedoch nicht müde zu betonen, dass *Führung* eine *transformierende, gestaltende Kraft* sei. Diese inspiriert die Menschen und stellt daher nicht bloß eine *positionelle Kraft* dar. *Autorität* vermag zwar *aufgrund von Positionen* der Überordnung *ausgeübt* werden; doch *Leadership* beruht zusätzlich zur Weisungsbefugnis auf *fachlicher und sozialer Anerkennung* der *ungezwungenen Kraft* und *inspirativen Qualität.*

Führungsmodelle wechseln einander beinahe im 10-Jahresrhythmus ab. Wie Wellen der Wirtschaft, wie Marketingtrends: Von „*Total Quality Management*" über „*Lean Management*", „*Integriertes Management*", „*Wissensmanagement*" bis „*Change Management*", um nur einige der zahlreichen *Managementtheorien* zu nennen. Ihre Ziele werden in der *Führungspraxis* oftmals reduziert auf den *Führungserfolg* und die *Ergebnisorientierung.* Wenn dies geschieht, erscheinen die Komponenten des Managements oftmals technokratisch zu sein: *Qualifikation, Motivation, Arbeitseffizienz* und *Kontrolle.* Maximiert man – so die technokratischen Formeln – diese vier

---

4 Heraklit von Ephesos (ca. 520–460 v. Chr.)

Elemente, käme ein optimaler *Führungserfolg* zustande. So, als wäre da nicht auch noch der *Faktor Mensch*, dessen *Persönlichkeit* sich langfristig gegen jegliche Verdinglichung wehrt und innerlich dagegen aufsteht, wenn er zum bloßen Zweckerfüller zu werden droht. Die jüngeren und jüngsten Generationen, die gegenwärtig den Arbeitsmarkt betreten, die *Generationen Y* und *Z*, stellen dabei zusätzliche und neuartige Herausforderungen für das Leadership dar.

Die Machtverhältnisse haben sich in der Geschichte unserer hoch industrialisierten Gesellschaften massiv verändert. Ebenso ist auch die globale Wirtschaft in permanenter Veränderung begriffen. Im Jahre 1984 wurde etwa die erste *E-Mail* aus den USA nach Europa geschickt, heute sind bereits ca. 4 Milliarden Menschen per *E-Mail* erreichbar. Die sogenannte Digitale Revolution hat global nicht nur die Welt verändert, sondern die eigentliche Globalisierung erst ermöglicht. Das *World Wide Web* wurde 1989 erfunden, davor kannte niemand Begriffe wie *Google*, *Wikipedia* oder *Youtube* und mit der Erwähnung einer Plattform wie *Facebook* hätte man in den 1980er Jahren bestenfalls ein Lächeln oder Kopfschütteln geerntet.

Nur ein viertel Jahrhundert später ist die Weltwirtschaft ohne diese Informationsmittel undenkbar. Und während das Web 1.0 die erste Ausbaustufe des Internets darstellte, bei der User recherchierten und dadurch Informationen von deren Produzenten zu den Informationskonsumenten flossen, ist dies im Web 2.0 grundlegend anders: Das Nutzerverhalten der Menschen hat sich völlig verändert, die *Interaktivität* ist entstanden. Aufgrund des sich ändernden Konsumentenverhaltens entstehen laufend erhebliche Konsequenzen für die Wirtschaft, für Märkte und Unternehmen. Veränderung in diesen bringen mit Notwendigkeit *Konsequenzen in der Führung* von Menschen mit sich. Doch *in ihrem Kern verändern sich die Grundsätze von Leadership nicht*: *Leader wirken* nach wie vor auf andere Menschen *ein* und „provozieren damit positiv", sowohl deren Handlungen als auch Verhaltensweisen. Sie arbeiten nicht nur *im System*, sondern *am System*, binden *Menschen ein* und regen *neue Lösungen an*. Sie sind überzeugt davon, *Vorbilder* zu sein und andere Menschen dazu in die Lage versetzen zu können, Dinge umzusetzen und hervorragende Leistungen zu erbringen.

2.5 „In Leaders we trust!" – Führung durch Persönlichkeit

Nicht die Position des Anweisungen gebenden Vorgesetzten ist entscheidend, seine *Leadership-Qualitäten* sind es: Die persönlichen Stärken des *Leaders*, das Vertrauen, welches er sich bei seinen Mitarbeitern erworben hat, zählen. Seine *Persönlichkeit* ist zusammengesetzt aus bestimmten Wesenszügen bzw. Merkmalen: *Kompetenz, Entscheidungsstärke, Verantwortungsbewusstsein, Mut* und *Einfühlungsvermögen*, um nur einige der wichtigen zu nennen. Diese und weitere Schlüsseleigenschaften bestimmen das Gesamtbild eines *Leaders*, das wir im *Kapitel Die DNA des Leaders: 14 Leadership-Merkmale* darstellen.

Was unterscheidet also *Manager* und *Leader* voneinander? Wodurch erkennt man bereits nach kurzer Zeit, oft schon nach den ersten Sätzen, mit welchem Typus man es zu tun hat?

Wenn technokratisch veranlagte *Manager* von Unternehmenszielen sprechen, meinen Sie oftmals zunächst nur *Marktanteile* und *Gewinn*. Wenn *Leader* über Unternehmensziele reden, sprechen sie von *Erfolg*. Sie wissen, dass Umsätze und Erträge wesentlich sind, gleichzeitig reicht der *Erfolg* jedoch weit über die reinen Zahlen hinaus. Erst wenn *monetäre Ziele* mit *nicht monetären* verknüpft und angestrebt werden, kann von einer umfassenden, auch den Menschen berücksichtigenden *Unternehmenskultur* gesprochen werden. Diese wirkt auf Kunden und Mitarbeiter, Lieferanten und Aktionäre, das gesellschaftliche, politische und natürliche Unternehmensumfeld; denn alle diese sind nähere oder weiter entfernte relevante Interessengruppen. Die *stabile, zukunftsorientierte Führungsweise* durch das dichte Beziehungsgeflecht, in welchem sich Organisationen im 21. Jahrhundert befinden, kennzeichnet *Leadership* heute.

Eine der Konsequenzen lautet daher: *Leader haben stets eine Anhängerschaft. Diese sind Mitstreiter im Denken, Fühlen und Handeln.* Kein *Leader* wurde als solcher geboren und musste nicht erst in *Führungsaufgaben* hineinwachsen. *Leadership kann erlernt werden.*

Fachkräfte *können* zu hervorragenden *Führungskräften* werden, wenn sie ihre *Persönlichkeit* und damit auch ihre „*Soft Skills*" entwickeln. Welche sind nun diese so wichtigen „*Soft Skills*", die zukünftige *Leader* zu erlernen haben? Dies hängt vom Persönlichkeitsprofil jedes Einzelnen ab. Aus den tausenden möglichen Persönlichkeitseigenschaften gilt es jene zu schulen und zu entwickeln, die *Schlüsseleigenschaften für Leader* darstellen. Je nach individueller Lebensgeschichte, Grundüberzeugung und Erfahrung sind einige dieser Eigenschaften stärker und andere weniger dominant ausgeprägt.

Ein Konzentrat der *14 Leadership-Merkmale* stellen die sog. *Big Five*[5] der *Persönlichkeitsfaktoren* dar:

- *Extraversion*: Aktivität, Geselligkeit, Durchsetzungsfähigkeit und positive Grundhaltung.
- *Offenheit*: für Ideen, Handlungen, Fantasie, Gefühle und Werte.
- *Emotionale Stabilität*: Impulsivität, Beherrschtheit, Selbstsicherheit und Unerschütterlichkeit.
- *Gewissenhaftigkeit*: Pflichtbewusstsein, Selbstdisziplin, Besonnenheit, Leistungsstreben, Gründlichkeit und Organisiertheit.
- *Verträglichkeit*: Altruismus, Vertrauen, Bescheidenheit, Gutherzigkeit und Hilfsbereitschaft.

Im Zentrum steht stets die *Persönlichkeit des Leaders*. Sie bildet den *Wesenskern* von *Leadership*. Auf diesen setzen seine verschiedenartig ausgeprägten *Fähigkeiten*, *Techniken* und *Wissensgebiete* auf.

Die *Persönlichkeitseigenschaften* sind zwar tendenziell vorgegeben, jedoch nicht starr und unveränderbar, denn Menschen sind lernfähig, und zwar lebenslänglich.[6]

---

5 Im Jahre 1992 entwickelten Paul T. Costa und Robert R. McCrae eine fünffaktorielle Struktur der Persönlichkeitsfaktoren, die als *Big Five-Modell* Eingang in die psychologische Persönlichkeitsforschung fand; vgl. Costa & McCrae 1992, S. 85 ff.

6 vgl. Hüther, 2011, S. 61 ff.

Neue Situationen oder unerwartete Herausforderungen zwingen zu neuen Lösungsansätzen durch den Einsatz von bis dahin noch nicht bewussten Fähigkeiten und Denkweisen. Die Überraschung ist groß, wenn Aufgaben plötzlich mittels Lösungen bewältigt werden, die man von sich *nicht* erwartet hätte. Erfahrungen und Erfolgserlebnisse, die einem das eigene Leistungsvermögen vor Augen führen und das Vertrauen in das eigene Können stärken.

Mit den bisher diskutierten Themen haben wir unsere Hauptfrage vorbereitet: *Wie kann Leadership erlernt werden?* Wie man *Führungskompetenz erwirbt*, wie man *Leadership erfährt und erlernt* – um das sprichwörtlich Beste aus sich herauszuholen und es im jeweiligen Umfeld einzusetzen – sind Inhalte und Ziele der folgenden Kapitel dieses Buches.

3 Leader 2.1 – Idealbild eines Leaders von morgen

*„Gib mir einen Hebel, der lang genug ist,
und ich bewege die Erde mit einer Hand."*
Archimedes (285–212 v. Chr.)

Wie sieht das Idealbild eines Leaders von morgen aus? Aus welchem Holz sollte er geschnitzt sein? Und was bedeuten diese Anforderungen für ihn? Welche Ansprüche werden an Leader von morgen gestellt und wie können die Kernkompetenzen eines Leaders erworben werden? Wenn der Hebel nur lang genug ist, d. h., wenn die Kernelemente des Leaderships gut genug angeeignet werden, steht der *Wirksamkeit* von Führung nichts mehr entgegen. Leadership ist jedoch nicht im *traditionellen* Sinne durch reine Theorie *vermittelbar*, daher sprechen wir auch von der *Aneignung*, d. h. von einer *Verinnerlichung* von Inhalten, die wir uns *zu eigen* machen. Leadership *kann erlernt werden*, wie beispielsweise Musikinstrumente oder das Dirigieren erlernt werden können. Mit Interesse und Übung kann das nahezu jeder Mensch. Mit Ausdauer und Konsequenz kann sogar ein hohes Maß an Professionalität erreicht werden. G*eborene Talente* können dies bis zur Virtuosität steigern. Und so, wie unsere Musikschulen routinierte Musiker hervorbringen, werden durch die Ausbildung von *Leadership-Fähigkeiten* Grundzüge auf fundiertem Niveau erlangt. Diese Basis wird erweitert durch individuelle *Einstellung*, *Persönlichkeit*, die *Art zu denken, Zugänge* und *Werthaltungen*. Das Gesamtergebnis dieser Entwicklung ist *gelebtes Leadership*; herausgebildet aus Selbstführung und mit der Zielsetzung, für die Führung von Menschen verantwortlich zu zeichnen.

Leadership ist demzufolge keine Tätigkeit, wie das Erledigen einer Aufgabe, sondern eine *Lebenshaltung* im Sinne der *Summe persönlicher Einstellungen* und *Werthaltungen*. Daraus erwächst die *Tätigkeit des Führens* sowie der *Blickwinkel auf die Welt*, auf zu lösende Aufgaben und zu bewältigende Situationen.

Leadership – Lernen durch Handeln

Wie in Seminaren und Workshops seit Jahren gezeigt wird, ist das Aneignen von Grundkenntnissen und von fortgeschrittenem Knowhow des Leaderships *nicht* nur den sogenannten *Naturtalenten* vorbehalten. Jeder und jede kann sich eine fundierten Basis an *Leadership-Rüstzeug* zu eigen machen; um mit entsprechenden Kenntnissen, mit Ausrüstung und Hilfsmitteln ausgestattet, in seiner Führungspraxis kontinuierlich sicherer, kompetenter und damit erfolgreicher zu werden. Der Weg des Erwerbs von Leadership-Qualitäten ist ein Prozess des *Erfahrungslernens*. Das sprichwörtliche *Learning by Doing* stellt dabei den Hauptpfad dar, die zu wählende Idealroute zum Gipfel. Das *Learning by Doing*, das *Lernen durch Handeln*, ist kein beliebiges Experimentieren im Sinne einer Methode von Versuch und Irrtum. *Lernen durch Handeln* ist mehr als bloßes Probieren, es basiert zunächst auf *Grundkenntnissen*. In bestimmten Situationen und beim Lösen konkreter Probleme werden diese Fähigkeiten in weiterer Folge erweitert und gleichzeitig verfeinert. Der Lerneffekt entsteht *im Zuge des Tuns* innerhalb realer Projekte und deren Abläufen.

Als plastisches Beispiel für das *Learning by Doing* seien die verschiedenen, bestens bekannten Handwerksberufe genannt. In den meisten dieser Berufe ist die Komponente des Tuns von der ersten Minute der Lehrlingstätigkeit an bereits wichtig, oftmals sogar dominant. Die Auszubildenden werden zumeist nur kurz mit der Theorie des bestimmten Faches konfrontiert und danach sogleich an die konkrete Tätigkeit herangeführt. Die Theorie führt demzufolge nur kurz in die Materie ein und tritt danach in die Rolle der Begleiterin zurück. Ein Beispiel: Das Handwerk des Kochens basiert auf dem Wissen hinsichtlich der Grundprodukte, Lebensmittel und technischen Zubereitungsweisen. *Wirklich erlernt* wird es jedoch nur durch eigenhändiges Kochen. Die begleitende Theorie verhilft dem Fortschritt des *Lernens durch Handeln* über das *Erkennen von Zusammenhängen,* zu rascheren Abläufen, zu höherer Präzision und zu mehr Vielfalt.

Was für das Erlernen der zahlreichen Handwerke gilt, ist ebenso für die erwähnte Musik gültig und auch für eine Vielzahl anderer Lebensbereiche, wie etwa die sportliche Betätigung. In allen diesen Sparten besteht – unter Berücksichtigung der jeweiligen Besonderheiten – der Mechanismus des *Learning by Doing*. Dass nämlich Instrumente durch Spielen, der Gesang durch Singen und der Sport durch tausendfach wiederholte Bewegungsabläufe erlernt werden. *Leadership* wird erlernt durch *tätiges Bewältigen von Situationen,* in denen Führung geschieht: Durch Situationen und Problemstellungen, in denen die Anforderungen *Leadership-Eigenschaften* zu zeigen und einzusetzen, plötzlich entstehen, d. h. auf einmal vor der betreffenden Person stehen.

Leadership ist auch nicht nur als Bezugnahme auf andere Menschen zu verstehen, es ist *mehr* als bloß nach außen orientiertes Führen. Leadership beginnt bereits beim jeweils *eigenen* Handeln, bei der *Selbstführung* und der *Reflexion dieser Selbststeuerung*. Erst aus dieser Selbstkompetenz und den im Rahmen der Selbstführung gemachten Erfahrungen können diese auch gerichtet auf ein Gegenüber angewendet werden. Leadership ohne jegliche Selbstführung wäre reduziert auf die bloße Verteilung von Befehlen. Der Leader hat jedoch auch sich selbst stets in Bezug zu den von ihm Geführten zu setzen. Dabei hat er sich auch darüber klar zu werden, worin seine *Werthaltungen* und *Grundsätze* bestehen, nach denen er sein Führungsverhalten gestaltet.

Abbildung 3: Leadership und Selbstführung[7]

Ebenso kann der Leader im Prozess der Selbstführung klare Aussagen darüber treffen, was er mit seiner *Persönlichkeit* und seinen *Verhaltensweisen* zu bewirken in der Lage ist; und auch, was er mit seiner Führung erreichen *will*. Erst ein *Bewusstsein hinsichtlich der Selbstführung* ermöglicht es dem Leader seine Führungsarbeit zu gestalten, die Aufgabenverteilung an seine Mitarbeiter zu planen und zielgerichtet umzusetzen. Im Prozess der Selbstführung erkennt er auch, welche Verhaltensweisen er selbst an den Tag legt und wie die Rolle des Leaderships mit seiner Persönlichkeitsstruktur in Einklang steht.

---

7 Quelle: Eigene Darstellung

Leadership basiert auf einer *freiwilligen Gefolgschaft* der Geführten, wodurch automatisch sowohl die *Vorbildwirkung* als auch das *Vorleben durch den Führenden* nötig werden. Leader sind *Kommunikatoren*, die visionär sind und es verstehen, Unternehmensziele nicht nur zu entwickeln, sondern diese auch selbst mitzutragen und zu kommunizieren. Dabei bedeutet Kommunikation keine Einwegkommunikation der Mitteilung von zu erreichenden Unternehmens-, Bereichs- oder Abteilungszielen. Die Kommunikation eines Leaders besteht sowohl aus einer *richtungsweisenden Mitteilung* an seine Mitarbeiter als auch aus der *Aufnahme von deren Feedback* an ihn. Aus dieser Interaktivität entsteht jene positive Beziehung durch Leadership, welche optimale Ergebnisse möglich macht: [8]

Abbildung 4: Kommunikationsgegensatz: Manager und Leader[8]

---

8 Quelle: Eigene Darstellung

Wie grafisch dargestellt, werden Visionen und Kernwerte des Unternehmens im ersten Fall durch den Manager von oben nach unten dekretiert, im zweiten Fall lebt der Leader diese Kernwerte und Visionen vor. Im *Vorleben der Werte und Haltungen* geht er nicht nur mit gutem Beispiel voran, sondern wirkt gegenüber seinen Mitarbeitern auch verantwortungsvoll und glaubwürdig. Er übernimmt *Führungsverantwortung*, pflegt und ermutigt offene Interaktion, d. h. *emotional-intelligente Kommunikation* in beide Richtungen. Viele hervorragende Ideen wurden in der jüngeren Wirtschaftsgeschichte bereits im Keim erstickt, nur weil sie nicht entsprechend kommuniziert wurden. Die *glaubwürdige Vermittlung* der Kernaufträge des Unternehmens durch den Leader hat demgegenüber die Funktion, die Mitarbeiter tatsächlich „an Bord" zu holen und mit diesen nicht nur an einem Strang, sondern auch in dieselbe Richtung zu ziehen. Dies wird jedoch nur erreicht, wenn die Mitarbeiter sich vonseiten des Leaders tatsächlich „an Bord" geholt fühlen. Letzteres ist ein Aspekt, der ganz besonders auf die *Generationen Y* und *Z* zutrifft, wie nachfolgend erläutert wird.

Ein kurzer Blick in eine mögliche Zukunft

Die Unterschiede zwischen Managern und Leadern von morgen lassen sich nicht bloß an zwei oder drei Punkten festmachen. Gestern, heute und morgen führten und führen Manager Unternehmen aller Größenordnungen. Manche dieser Organisationen werden jedoch ins Hintertreffen geraten und von jenen überholt werden, deren Führungspersönlichkeiten die Konzepte des Leaderships verstehen und dessen Grundhaltungen verinnerlichen und verwirklichen. *Leader der Zukunft* werden im Unterschied zu Managern ihre Unternehmen und Organisationen inspirieren und weiterentwickeln. Sie werden also vermehrt danach streben, die *richtigen Dinge* zu tun und *nicht nur die Dinge richtig* zu tun, also fehlerfrei und verlustfrei abzuwickeln.

An die Stelle des Verhaftetseins im Hier und Jetzt wird ein stärkerer Blick auf die Zukunft entstehen, die strategische Perspektive wird wichtiger werden, ohne dass die Gegenwart deshalb jedoch ihre Bedeutung verliert. Die Gewichtungen werden sich verlagern. Vom ausschließlichen Fokussieren auf Kennzahlen aus Gründen des Shareholder- und Stakeholder-Values wird zu einem gleichzeitigen Blick gewechselt werden: Dieser wird *sowohl* die betrieblichen Kennzahlen *als auch* die Visionen des Unternehmens im Blick halten. Die Merkmale des Leaderships werden an Bedeutung und damit an Anwendungshäufigkeit in der unternehmerischen Praxis zulegen. Im Zuge dessen werden die reinen Managementeigenschaften bei Führungskräften zunehmend als Selbstverständlichkeit vorausgesetzt und daher tendenziell weniger stark nachgefragt werden.

Die Ziele brachial einzufordern war seit der Antike die dominante Methode der Führung. Veränderungen in der Geschichte erfolgten zumeist im Zuge von weltbewegenden Erfindungen: Im zivilen Bereich war dies etwa der Buchdruck, der es ganzen Kontinenten ermöglichte, an Informationen, Texte und damit an Bildung und Selbstbestimmung heranzukommen. Im militärischen Bereich war es die Erfindung des Schwarzpulvers, das den Kampf Mann gegen Mann veränderte und damit die Machtverhältnisse der Welt verschob. Wir haben uns also zu vergegenwärtigen, dass wir uns mit der Erfindung des Computers vor wenigen Jahrzehnten und der globalen elektronischen Vernetzung erneut an einem solchen weltverändernden Punkt befinden. Daraus müssen wir Schlüsse – die richtigen Schlüsse – ziehen, um auf die kommenden Veränderungen vorbereitet zu sein.

Das, was sich jetzt gerade vor unseren Augen ändert, ist *die Art und Weise, wie geführt wird*. Nicht die Prinzipien von Angebot und Nachfrage ändern sich, diese sind seit dem Beginn des antiken Tauschhandels in Stein gemeißelt. Was sich ändert, was hier und jetzt umbricht, ist der Umgang mit der Steuerung, der Führung von Unternehmen. Mit anderen Worten, das Verhalten im Bezug auf die heutigen Mechanismen von Angebot und Nachfrage hat sich anzupassen.

Die wirtschaftlichen Veränderungen, vor denen wir im Zuge der Erfindung des Internets und der Globalisierung der Welt stehen, sind durchaus vergleichbar mit der viel zitierten Klimaerwärmung. Das erwartbare Verhalten eines heutigen (fiktiven) *Managements* auf die Klimaerwärmung wäre es, die Temperaturveränderungen zu messen und die Erhöhung der Anzahl der Sonnenstunden zu erfassen. Danach käme eine Management-Entscheidung zum Tragen: Diese könnte einerseits z. B. in Sonnenschutzprodukte investieren und andererseits die Einsparung bei den Energiekosten als Managementleistung darstellen und als Kosteneinsparung feiern.

Die angemessene Reaktion eines *Leaders* wäre es hingegen, über den Tellerrand des Heute und Morgen hinauszublicken und im Übermorgen die Chancen aber auch die Bedrohungen der Klimaerwärmung zu reflektieren und darauf zu reagieren. Der *Leader von morgen* wird sich nicht nur auf die kommenden Monate oder das kommende Jahresergebnis konzentrieren. Er wird hingegen Fragen danach stellen, was und wo der Platz seiner Organisation in einer veränderten Welt sein könnte. Wird es immer noch derselbe Platz sein, den es dann besetzt? Muss der Platz verändert werden? Müssen sich die Produkte und Dienstleistungen ändern? Müssen die Strukturen des Unternehmens und deren Prozesse angepasst werden? In jedem Fall wird der Leader danach trachten, ein *sinnstiftendes Umfeld an Werthaltungen* und *Verhaltensweisen* zu etablieren; von diesem Ausgangspunkt wird er sich selbst, seine Mitarbeiter und sein Unternehmen an die Veränderungen angleichen, d. h. *weiterentwickeln* und *in Einklang* bringen.

Ein kurzer zusammenfassender Überblick zeigt, dass eine *Führungspersönlichkeit sowohl Leadership- als auch Management-Eigenschaften* besitzen sollte; und auch in Zukunft wird im Führungsbereich sowohl der Typus des Managers als auch jener des Leaders benötigt werden. Doch der *Leadership-Anteil im Bereich der Führung* wird künftig gegenüber dem reinen *Management-Anteil* deutlich *überwiegen*. Dieser bereits begonnene Trend soll mithilfe der unterschiedlichen Haltungen, Denk- und Herangehensweisen von *Managern* und *Leadern von morgen* nochmals unterstrichen werden:

Manager von morgen	Leader von morgen
strebt danach, *die Dinge richtig zu tun*	strebt danach, *die richtigen Dinge zu tun*
führt das Unternehmen weiter	inspiriert *und* entwickelt das Unternehmen
verwaltet und kontrolliert	baut auf Vision und Innovation
fokussiert auf Kennzahlen	fokussiert auf den Gesamterfolg
operative Perspektive	strategische Perspektive
beeinflusst primär durch Position	beeinflusst primär durch Persönlichkeit
setzt die Ziele konstruktiv um	entfacht Begeisterung für die Ziele
konzentriert sich auf die Strukturen	konzentriert sich auf die Menschen
greift auf Bewährtes zurück	lässt Neues auf allen Ebenen zu
bündelt Verantwortung bei sich	delegiert Teile der Verantwortung
verlangt die Umsetzung der Anordnungen	fördert die Entfaltung von Kreativität

Abbildung 5: Manager und Leader von morgen[9]

---
9 Quelle: Eigene Darstellung

Der *Leader von morgen* wird gefordert sein, sich, d. h. seine eigene Persönlichkeit weiterzuentwickeln, ebenso wie jene der ihm anvertrauten Mitarbeiter. Er wird sein Team nicht nur mobilisieren und steuern, sondern durch seine Vorbildwirkung auch positiv beeinflussen und konstruktiv unterstützen. Gleiches gilt auch für die von ihm verantworteten organisationalen Prozesse. Auch diese werden unter der Prämisse der gesamthaften Weiterentwicklung vorangetrieben und optimiert. Der Verbesserungsanspruch bleibt jedoch nicht bei der Zielerreichung, bei den zu erbringenden Kennzahlen stehen. Der Leader behält die Perspektive der Entwicklung der *Unternehmensprozesse*, der *Mitarbeiter* und auch jene der *Führungspersonen* stets im Blick. Er bleibt – wie etwa aus dem Umgang mit PCs bekannt – auch dann, wenn andere Programme im Vordergrund laufen und die Aufmerksamkeit beanspruchen, stets als „Programm im Hintergrund" aktiv. Im Vergleich zum Manager wird der *Leader seine Qualitäten ausspielen*, besonders wenn eine kritische Unternehmenssituation gegeben ist. Wenn etwa in Zeiten der Wirtschaftskrise massive Schwierigkeiten beginnen, sich vor einem Unternehmen aufzutürmen; oder wenn bis dahin ungekannte, völlig neuartige Herausforderungen – wie die *Generationen Y* und *Z* sie verkörpern – plötzlich „physisch vor der Türe" stehen. Dies sind Momente, in welchen nicht der pragmatische Manager, sondern der auch außerhalb der gewohnten Bahnen denkende Leader *unkonventionelle Denkansätze* beisteuert; wenn dieser *nicht alltägliche Entscheidungen* trifft und damit zur Bewältigung der Schwierigkeiten und oftmals auch zum Fortbestand des Unternehmens entscheidend beiträgt.

Exkurs: Führung und die Generation Y

Unerwartet gelangte eine Generation auf den Arbeitsmarkt, mit der man nicht gerechnet hatte; auf die man sich als Leader beginnt einzustellen und die den Manager von gestern oftmals völlig überfordert: *Die Generation Y*. Das englische „Y" steht dabei nur zufällig in der Reihenfolge des Alphabets und ist die technische Bezeichnung für Menschen um die Geburtsjahrgänge 1982 bis 2000. Dennoch hat es eine unterschwellige Bedeutung: Das englische „Y", ausgesprochen „why", charakterisiert diese Generation, so der kleinste gemeinsame Nenner vieler soziologischer Studien: Sie hinterfragt sich selbst, das eigene Tun, die Sinnhaftigkeit der Welt als solche usw. Über diese Generation sind bereits tausende Artikel und Abhandlungen in zahlreichen Sprachen der Welt verfasst worden.

Die *Millennials*, wie sie auch genannt werden, die *Jahrtausender-Generation*, sind die erste Generation, die zum Teil bereits als *Digital Natives* mit dem Computer aufgewachsen sind. Sie haben die Welt der Elektronik als „normalen" Teil ihres Tagesablaufes erfahren; nicht als Neuerung, sondern als Teil des Alltags.

Die *Generation Y* ist gut ausgebildet und deutlich technologieaffiner als die *Generation X*, ihre Vorgängergeneration. Und sie relativiert, u. a. aufgrund ihrer gemachten Lebenserfahrungen in der virtuellen Welt, auch die Notwendigkeit von starren Hierarchien und Strukturen.

Prestige und Status sind weniger wichtig geworden. In der Skala der Prioritäten sind Freiräume zur Selbstverwirklichung, Freude an der Arbeit und Freizeit wichtiger geworden als etwa geringfügige Gehaltserhöhungen. Die Arbeit soll Freude bereiten, d. h., die Lebensqualität soll bereits im Arbeitsprozess beginnen, nicht erst nach Feierabend. Während die Generationen davor ihre beruflichen Tätigkeiten als freudige oder lästige Pflichterfüllung absolvierten und die Freizeit ausschließlich im Danach (Abend, Wochenende, Urlaub) stattfand, beansprucht die *Generation Y* die Freude bereits während des Arbeitsprozesses. Das ist ein veritabler Wertewandel.

Die *Generation Y* beginnt, Teile des Arbeitsmarktes auf den Kopf zu stellen – oder vom Kopf auf die Füße, je nachdem, wie man es betrachten will. Es bleibt abzuwarten, wie weit die Millennials tatsächlich damit kommen werden, da sich die Gesetzmäßigkeiten des Marktes und die Kräfte der wirtschaftlichen Strukturen nicht so leicht verändern lassen. Überdies werden auch Millennials täglich älter und mit zunehmendem Alter verändern sich auch deren Ansichten, deren Wünsche an das Leben und die Ziele.

Wie also ist eine *Generation Y* zu führen, die beruflich weniger von in Aussicht gestelltem Gehalt, sondern vom *Fun-Faktor*, von der *Work-Life-Balance* und der Möglichkeit zur *Selbstverwirklichung* angezogen wird? Eine Generation, die dem Druck und der Gängelung durch Manager ausweicht; und die mit ihren Kräften besser hauszuhalten weiß und damit – im Unterschied zu ihren Vorgängergenerationen – eine Art vorinstallierte *Burn-out-Sicherung* zu haben scheint. Diese Generation kann durch rigides Management nicht beeindruckt werden. Sie lehnt innerlich Hierarchien und Reglementierungen ab. Unter anderem auch deshalb, da die *Y-Individuen* gelernt haben, selbst im Mittelpunkt zu stehen, nicht nur weil letztlich jeder ein Star auf Facebook und YouTube ist oder sein kann. Manager, die zwar *effiziente Umsetzer* sind, erhalten von den Millennials wenig Vorschusslorbeeren und auch kaum Bewunderung. Für die *Generation Y* fallen diese vielfach in die belächelte Kategorie der *Internetausdrucker*, also jene Generation, die zwar einen geübten jedoch keinen wirklich souveränen Umgang mit elektronischen Geräten und sozialen Medien vorweisen kann. Respektspersonen müssen gewissermaßen täglich aufs Neue unter Beweis stellen, dass sie die Anerkennung durch die *Millennials* auch verdienen.

Leadership ist die einzige Möglichkeit, überhaupt an die *Generation Y* heranzukommen, diese gleichzeitig zu führen und im Sinne der Unternehmensziele optimale Ergebnisse zu erhalten. Die *Persönlichkeit des Leaders* beeindruckt die Millennials, weil sie sich in ihm sehen können. Er bietet ihnen eine Projektionsfläche für ihre eigenen Wünsche und Ziele und darüber hinaus eine Orientierungs- und Identifikationsmöglichkeit. Nicht die Befehle des Managers, sondern die erklärten, vermittelten und vorgelebten Werthaltungen des Leaders sind es, die die *Generation Y* beeindrucken; erst diese animieren zum Mitmachen- und Mitgestalten-Wollen. Leadership nimmt die „*Egotaktiker*" (wie sie auch abschätzig genannt werden und womit ihre durchaus als opportunistisch qualifizierbare Einstellung des Sondierens, Taktierens und des Sich-alle-Optionen-offen-Lassens gemeint ist) mit an Bord; lässt sie konstruktiv teilhaben am Ganzen des Unternehmens und der Projekte. Leadership gibt der *Generation*

Y eine *spielerische Bindungsmöglichkeit* an das Unternehmen, ohne das Gefühl der Fesselung auszustrahlen. Leader stellen für die *Generation Y* Menschen dar, denen sie vertrauen können, denen sie etwas zutrauen und von denen sie bereit sind etwas anzunehmen; vorzugsweise Lob, aber auch die Formulierungen und Festlegungen von gemeinsamen Team-Aufgaben und -Zielen. Der Leader, der sein Werteprofil tagtäglich vorlebt, ist auch so ziemlich die einzige Person, von der Millennials Kritik anzunehmen bereit sind. Das von Leadership zusammengehaltene Unternehmen kann für die *Generation Y* somit als wertvoll und sinnstiftend erkannt werden. Es kann sogar so erstrebenswert sein, dass man sich gleichfalls einbringen möchte und eine ausgezeichnete Leistung zu erbringen bereit ist. Die *Persönlichkeit des Leaders* ist aus dieser Sicht das entscheidende Element und Kriterium, mit welchem eine ganze Generation erreichbar, ansprechbar und führbar ist.

Und die *Generation Z* ?

Der letzte Satz des vorangehenden Abschnittes könnte durchaus den Schlusssatz dieses Exkurses zur *Generation Y* bilden. Diese ist weitestgehend beschrieben, statistisch untersucht und wirkt – trotz aller Umstellungsnotwendigkeiten für Leader – letztlich verstehbar und damit führbar. Doch weder das Alphabet noch die Generationenfolge sind an ihr Ende gelangt, nach Y kommt Z, und die *Generation Z* unternimmt gerade ihre ersten Schritte auf dem Arbeitsmarkt. Ob man als Leader von Change-Management begeistert ist oder nicht, die kommende *Generation Z* bringt Wandel mit in ihrem Gepäck; ausreichend Gepäck für jede Menge an Veränderungen und Umstellungserfordernissen.

Die *Generation Z* bezeichnet je nach Studie die Geburtsjahrgänge ab 1995, ab 1997 bzw. ab 2000. Sie ist noch nicht so umfassend erforscht, wie ihre Vorgängergeneration, einige der hervorstechendsten Eigenschaften sollen jedoch im Zusammenhang mit Leadership nicht unerwähnt bleiben: Zunächst ist die *Generation Z* die erste, die sich tatsächlich vollständig aus „Digital Natives" zusammensetzt. Die gegenwärtig (2015) von der Jugend in das junge Erwachsenenalter eintretenden jungen Menschen sind nicht nur hervorragend im Bereich der digitalen Geräte, Programme und Kommunikationsmittel *ausgebildet*, sondern sie *kennen gar keine anderen* als diese. Sie sind tatsächlich nur noch mit Smartphones, Tablets, Facebook, Youtube & Co aufgewachsen. Facebook und Youtube sind daher nicht neu und aufregend für die *Generation Z*, sondern höchstens nur noch ein Standard unter anderen, wenn nicht gar ein bereits etwas veralteter.

Sie sind permanent miteinander verbunden, vernetzt, in sozialem Kontakt. Und das alles, ohne den Wechsel von online und offline besonders zu registrieren oder gar als störend bzw. als Belastung zu empfinden. Sie kennen nur eine Welt, jene, die bereits digital ist. Der Übergang von online zu offline ist in dieser Welt nur wie das Bewegen von einem Zimmer in das nächste, d. h. das Öffnen und Schließen von Türen wird dabei nicht als eigene Tätigkeit empfunden. Digitale Medien, Geräte und Programme sind keinerlei technologische Wunderdinge, sondern nur noch mehr oder weniger standardisierte Transportmittel der Kommunikation, der Kontakte und vielfältigsten Arten sozialer Interaktion.

Der Umgang mit Information wird von der vollständig digitalen *Generation Z* auch anders, d. h. wesentlich automatisierter bewältigt, von Musik über Bilder und News werden die digitalen Inhalte noch wesentlich selbstverständlicher, „natürlicher" gesucht, geteilt und verbreitet, als dies jemals zuvor der Fall war. Das Gleiche gilt für die Beschaffung von Information: Während die älteren Generationen noch ihre strukturierten Suchen in Google, Yahoo und Wikipedia *thematisch* abhandeln, steigt die *Generation Z* vermeintlich „irgendwo" in die digitale Welt ein. Sie findet Informationen auf eine andere, eine „natürliche" digitale Weise.[10]

---

10 vgl. Palfrey & Gasser, 2010, S. 4 ff.

Die *Generation Z* bekam auch aus ihrer eigenen familiären Erfahrung oder aus Erzählungen einen Eindruck davon, was Burnout ist; welche Konsequenzen eine Wirtschaftskrise für einzelne Arbeitnehmer haben kann. Sie hat auch die Erfahrung gemacht, dass bei Weitem nicht alle Versprechen der Wirtschaft an die Menschen eingehalten wurden. Die *Generation Z* ist in den USA beispielsweise die erste Generation, die an den Mythos vom „*American Dream*" kaum mehr glaubt. Die wirtschaftlichen Konsequenzen dieses Denkens, Empfindens und Handelns einer gesamten Generation können daher nicht ausbleiben. Die ersten Studien, etwa im Bereich Human Resources sind erstaunlich: Die *Generation Z* bringt unter anderem aus diesen genannten Gründen kaum mehr die Bereitschaft auf, sich an ein Unternehmen zu binden. Sie verbindet nicht mehr die berufliche und die private Welt mittels Konzepten wie *Work-Life-Balance*, sondern achtet penibel auf eine strikte Trennung von Beruf und privat. Flexible Arbeitszeiten klingen in den Ohren der *Generation Z* daher nicht nach einem interessanten Arbeitgeber, sondern eher als potenzielle Bedrohung, das betr. Unternehmen könnte etwa die Mitarbeiterflexibilität ausnützen. Auch die Übernahme von Führungsverantwortung wird von der *Generation Z* vergleichsweise weniger stark angestrebt.[11] Die gegenwärtig noch nicht vollständig absehbare aber wahrscheinliche Herausforderung für die Führungsarbeit mit der *Generation Z* wird möglicherweise sogar in eine der Kernkompetenzen des Leaderships fallen, will man dem Titel einer aktuellen australischen Studie glauben: „*Don't manage me – understand me!*"

---

11 vgl. Scholz, 2014, S. 199

3.1 Die DNA des Leaders: 14 Leadership-Merkmale

Merkmale sind Eigenschaften, die Menschen nicht nur voneinander unterscheiden, sondern auch unser Denken und Handeln vorbestimmen. Sie formieren damit die – zeitlich betrachtet – relativ stabilen Persönlichkeitseigenschaften. Anhand dieser kann das Verhalten eines Menschen in bestimmten Situationen beschrieben und bis zu einem gewissen Grad sogar vorhergesagt werden. Für Leader sind daher sowohl für die Lösung von Problemen und Aufgaben als auch für das Erreichen von Zielen bestimmte Merkmale vonnöten. Diese *Leadership-Merkmale* sind Eigenschaften, die man auch als typische *Stärken eines Leaders* bezeichnen kann.

Jeder Mensch verfügt – in verschiedensten Kombinationen und Ausprägungen – über eine Vielzahl an *Persönlichkeitsmerkmalen*. Diese Eigenschaften können im Laufe des Lebens, etwa durch gemachte Erfahrungen und bewältigte Schwierigkeiten, verstärkt bzw. trainiert werden. So, wie das Training bestimmter Muskelgruppen deren Wachstum stimuliert, können gezielte Anreize oder besondere Aufgaben die Entwicklung bestimmter Persönlichkeitseigenschaften anregen, fördern und verstärken. Wie bereits eingangs ausgeführt, ist Leadership erlernbar und perfektionierbar. Persönlichkeitsmerkmale können zwar nicht gänzlich abgeändert werden, jedoch als Eigenschaften trainiert, verstärkt, verfeinert und geschmeidig gemacht werden. Damit versetzen sich Menschen in die Lage, den täglichen Anforderungen des Leaderships gewachsen zu sein.

In den folgenden Abschnitten ist es nicht unser Ziel, eine psychologische Diagnostik zu präsentieren oder Persönlichkeitseigenschaften tabellarisch abzuhandeln. Ziel der folgenden Ausführungen ist es, einige der wichtigen Merkmale von Leadern herauszuarbeiten, Eigenschaften, deren Effekte für das Leadership von besonderer Bedeutung sind, hervorzuheben. Zu betonen ist dabei, dass diese Persönlichkeitseigenschaften niemals in Reinform oder isoliert auftreten. Sie sind von Mensch zu Mensch verschieden und kommen jeweils in Mischformen und in unterschiedlicher Zusammensetzung vor. Als kleinsten gemeinsamen Nenner – und das ist für Leadership wesentlich – besitzen sämtliche der nachfolgenden Merkmale die Elemente des „Strebens nach Wirksamkeit" sowie die Charakteristika von „Zielengagement und Zieldistanzierung"[12]. Unter Wirksamkeitsstreben ist die direkte Einflussnahme auf und die Kontrolle der sozialen und physischen Umwelt zu verstehen. Dies ist ein universelles Charakteristikum des menschlichen Handelns. Zielengagement bedeutet, Wichtiges hervorzuheben und Unwichtiges in den Hintergrund treten zu lassen. Die Aufmerksamkeit wird Wichtigen gewidmet und persönlich wird eine optimistische Wirksamkeitserwartung aufgebaut. Zieldistanzierung bedeutet hingegen, aktiv eine Entscheidung bzw. Selektion vorzunehmen, sich von einem Ziel zu distanzieren. Dies erfolgt jedoch nicht aus Desinteresse, sondern weil z. B. in der Zwischenzeit andere Ziele wichtiger, dringlicher oder erfolgsversprechender geworden sind.

3.1.1 Authentizität, Selbstwertgefühl, Selbstbewusstsein

Wenn etwa Nelson Mandela, der ehemalige Freiheitskämpfer gegen die Apartheidspolitik und spätere Präsident Südafrikas, in seinen Reden von „Freiheit und Selbstbestimmung" spricht, dann sind seine Äußerungen authentisch. Mandela, der für sein beharrliches und gewaltfreies Eintreten gegen die Rassentrennung insgesamt 27 Jahre lang in Haft verbringen musste, spricht nicht nur in der Sache die Wahrheit, wenn er die Freiheit als einen der höchsten gesellschaftlichen Werte überhaupt bezeichnet; er ist darin auch vollkommen glaubwürdig. Die Persönlichkeit Nelson Mandelas und die von ihm getätigten politischen Aussagen zum Thema Frei-

---

12 vgl. Heckhausen & Heckhausen, 2010

heit sind *deckungsgleich*. Ähnlich authentisch in ihrer Mission und Aufgabe waren auch andere große und gewaltfreie Leader, wie etwa Mahatma Gandhi oder Martin Luther King. Die Beispiele lassen sich nahezu unbegrenzt und auch im Bereich der Wirtschaft fortsetzen: Wenn in unseren Tagen etwa Bill Gates über die Zukunft des Computers spricht, so sind seine Aussagen als Leader – auch wenn er nicht mehr selbst operativ, sondern als Berater bei Microsoft tätig ist – *authentisch*. Denn der Pc und die dazugehörige Software bestimmten sein Leben weitgehend und er beeinflusste seinerseits die Entwicklungen weltweit massiv und trieb diese voran. Seine Ausführungen *haben Gewicht* und sind *nachweislich aus erster Hand*.

Authentizität bedeutet *Echtheit* im Sinne von *zweifelsfreier Glaubwürdigkeit*. Authentisch agiert jemand, dessen Handlungsweise nichts Künstliches, Gestelltes oder Gespieltes hat. Wenn die Erwartungshaltung gegenüber einer Person mit deren tatsächlichem Handeln und Agieren deckungsgleich ist, spricht man von *Authentizität*. *Echtes* Agieren löst beim Gegenüber das Gefühl des Vertrauens aus. Man ist sicher, keiner Fälschung oder Täuschung aufzusitzen; authentisches Verhalten wirkt so, als würde es jeder Überprüfung ganz leicht standhalten.

Im Bereich des Marketings sind authentische Marken jene, die glaubwürdig zum Ausdruck bringen, wofür sie stehen. *Authentische Marken* besitzen *Identität*, halten gegenüber dem Käufer das gegebene Nutzenversprechen ein und erzeugen damit Markenvertrauen. Authentische Brands – denken wir an Hautpflegeprodukte wie *Nivea*, Schokolade wie *Milka* oder Schmerzmittel wie *Aspirin* – vermitteln Sicherheit und erzeugen emotionale Verbundenheit. In gewisser Weise haben solche *„most trusted brands" Leadership-Qualitäten*.

Authentische Leader bleiben sich treu und treffen jene Entscheidungen, die ihren *Werthaltungen* entsprechen. Diese sind Teil ihrer persönlichen Weiterentwicklung. Solche Leader sind weder wankelmütig noch richten sie ihre Fahne nach dem Wind, sondern sind verlässlich und vertrauenswürdig. Sie sind es selbst dann, wenn die Situation es von Ihnen erfordert, zu experimentieren oder zu improvisieren. Authentizität zeigt sich in einem *offenen Führungsstil*, der Informationen – so weit wie möglich und so weit wie nötig – unverschlossen hält, teilt und damit Transparenz dokumentiert. Aufrichtigkeit, Ehrlichkeit und Vertrauen zwischen Leadern und deren Teams führen zumeist auch zu höherer Mitarbeiterzufriedenheit, damit zu höheren Motivationsniveaus und zu besseren Gesamtleistungen.

Zwischen Selbstwert und Selbstbewusstsein

Verhandlungen, die gut und mit erheblichem Aufwand vorbereitet wurden, Angebotslegungen bei Ausschreibungen, an denen ein gesamtes Team lange zusammengearbeitet hat und die – aus welchen Gründen auch immer – scheitern, dämpfen vorübergehend das *Selbstwertgefühl*. In der Praxis ist es schwer, in einer solchen Situation, in der das Selbstwertgefühl schwach ausgeprägt ist, einem anderen Menschen seine *Wertschätzung* auszudrücken. Das ist ein normaler und durchaus häufiger Fall von menschlicher Reaktionsweise. Für Menschen, deren Selbstwertgefühl jedoch nicht nur temporär, sondern auf Dauer bzw. *an sich* schwach ausgeprägt ist, kann diese Schwierigkeit zur einer latenten Verhaltensweise werden. Im Falle von Führungssituationen kann oftmals beobachtet werden, dass der Mangel an Lob oder Wertschätzung weniger mit dem Nicht-Sehen der Leistung eines Mitarbeiters zusammenhängt, als mit dem mangelnden Selbstwertgefühl des Führenden. Die Gefahr, die aus einem mangelhaft ausgeprägten *Selbstwertgefühl des Führenden* erwächst ist, dass die tendenziell zu gering ausfallende Wertschätzung der Mitarbeiter zu deren emotionaler Distanzierung vom Unternehmen bis hin zum völligen Bindungsverlust führen kann. Bindungsverlust und ein Absinken des allgemeinen Leistungsniveaus gehen zumeist Hand in Hand.

Für Leader ist es daher von hoher Wichtigkeit, sich den eigenen *Selbstwert* klar vor Augen zu führen, um die Leistung des Gegenübers auch authentisch *honorieren* und *glaubwürdig loben* zu können. *Selbstwert* ist ein *Wissen um den eigenen Wert* aber *auch um die eigenen Schwächen*, damit sich besonders in wirtschaftlichen Zusammenhängen nicht die Schwächen auswirken, sondern primär die Stärken zum Tragen kommen. *Selbstwert* ist demnach auch eine sichere *Einschätzung* seiner eigenen Leistungsfähigkeit. Weder sollte man diese über noch unterschätzen, sondern bei dieser Einschätzung möglichst realistisch bleiben, was, wie wir noch sehen werden, an sich sehr schwierig ist. Der Selbstwert, den sich ein Leader attestiert, sollte ehrlich und den Tatsachen entsprechend ermittelt werden und ein *echtes Selbstbild* abgeben. Die einfach klingenden Fragen an die eigene Person lauten etwa, „*worin bestehen meine Werthaltungen?*" oder „*wer bin ich und was tue ich hier?*" Eine echte, ehrliche und authentische Beantwortung dieser Fragen ist für den Leader essenziell. Sie führt am Ende zu einem Effekt der *Selbstannahme*, zur *Sicherheit* hinsichtlich des eigenen *Selbst*. Damit ist bereits ausgedrückt, dass *Authentizität und Selbstwertgefühl* ursächlich zusammenhängen: Ein ehrliches, den Tatsachen entsprechendes Selbstwertgefühl unterstützt die Außenwirkung der Authentizität, da es die *Integrität der Persönlichkeit* in ihrer Gesamtheit stützt und untermauert.

In diesem Zusammenhang soll nicht unerwähnt bleiben, dass das Selbstbild niemals objektiv sein kann, sondern immer nur an die Objektivität angenähert werden kann. Das psychologische Phänomen der selektiven Wahrnehmung erzeugt eine Unschärfe und Ungenauigkeit bei jeder menschlichen Selbstbeschreibung. Persönliche Eigenschaften, welche die jeweils eigene Position stützen, werden stärker wahrgenommen, als solche, die den eigenen Standpunkt schwächen oder der eigenen Meinung zuwiderlaufen. Die Selbstbeschreibungen und -bewertungen sind daher schwierig, der Blick von außen auf einen selbst ist dabei oftmals wertvoll.

Je offener, ehrlicher und wahrheitsgemäßer man sich selbst gegenüber ist, desto stärker ist das *Gesamtgefüge der Authentizität* und die *Glaubwürdigkeit eines Leaders*. Der US-amerikanische Psychologe und Psychotherapeut *Nathaniel Branden* nennt in seinem gleichnamigen Buch „*Die 6 Säulen des Selbstwertgefühls*":

I. Bewusstes Leben
II. Selbstannahme
III. Eigenverantwortliches Leben
IV. Selbstsicheres Behaupten der eigenen Person
V. Zielgerichtetes Leben
VI. Persönliche Integrität

Wiewohl mit diesem in Zusammenhang stehend, ist das *Selbstwertgefühl* vom *Selbstbewusstsein* zu unterscheiden. Das *Selbstbewusstsein* stellt eine *Überzeugung* dar, die sich auf die jeweils eigenen Fähigkeiten bezieht. Der sich seiner Fähigkeiten bewusste Mensch weiß nicht nur vom *Wert seiner selbst*. Er hat, auf seinen Selbstwert aufbauend, auch eine Sicherheit *hinsichtlich seiner Kompetenzen* entwickelt. Während der Selbstwert sich nach innen wendet, wirkt das Selbstbewusstsein als *Selbstanerkennung* stark nach außen. *Selbstbewusstes Auftreten* ist die allgemein sichtbare Wirkung des Selbstbewusstseins. Wird das selbstbewusste Auftreten zu sehr gesteigert, gerät es in den Bereich der Arroganz, der Selbstherrlichkeit bzw. der überheblichen Selbstgewissheit. Für einen Leader ist dies im Kontext der gelebten Offenheit und Ehrlichkeit gegenüber seinen Mitarbeitern folgenschwer, ja geradezu katastrophal, da es seine Authentizität untergräbt und besonders negativ färbt. Vieles von dem, was zuvor an der Authentizität geschätzt wurde, wird beim Auftreten übersteigerter Selbstdünkel überstrahlt und damit zum Teil irreparabel ruiniert.

Für den Leader ist es daher von großer Bedeutung sich zunächst Klarheit hinsichtlich seines *Selbstwertes* zu verschaffen. Mit dieser wird seine Wertschätzung von Leistungen seiner Teammitglieder und Mitarbeiter automatisch tendenziell häufiger und vor allem authentischer erfolgen. Dieser Zuwachs an Authentizität wird die Wirkung des Leaders positiv verstärken, erkennbar an verbalem aber insbesondere auch an *non-verbalem Feedback* seiner Mitarbeiter.

Exkurs: Das 360-Grad-Feedback

In den vergangenen beiden Jahrzehnten hat das sogenannte *360°-Feedback* im Bereich der Personalentwicklung massiv an Bedeutung gewonnen. Noch bis weit in die 1970er Jahre hinein waren die verbreiteten Methoden jährliche Beurteilungen der Mitarbeiter durch ihre Vorgesetzten; diese Methoden veränderten sich aufgrund der zunehmenden Komplexität der Arbeitswelt relativ rasch. Der *Top-Down-Ansatz*, d. h. die ausschließliche Bewertung „von oben" folgte. Doch die zumeist auf Jahresbasis vereinbarten Ziele der Mitarbeiter, Fachkräfte und Manager jeder Hierarchiestufe hauptsächlich mit deren Zielerreichung zu vergleichen war nicht mehr ausreichend. Die *Führungsleistung* wurde zusehends – etwa ab Mitte der 1990er Jahre – aus einer 360°-Perspektive, von allen Seiten bewertet.

Die *Führungskompetenz* wird bei dieser Bewertungsmethode nicht nur *Top-Down* durch Vorgesetzte, sondern auch *Bottom-Up* durch die geführten Mitarbeiter einerseits und die Kollegen auf der gleichen Führungsebene beurteilt. Dadurch entsteht ein umfassenderes und objektiveres *Stärken-Schwächen-Profil des Leaders*. Zudem können auch außenstehende Personen, etwa Lieferanten und externe Kooperationspartner und bisweilen auch Kunden als Feedback-Geber mit einbezogen werden. Eine der Voraussetzungen für das 360°-Feedback ist die Anonymität der Bewertenden: Die Mitarbeiter, die einen Vorgesetzten bewerten, scheinen nur in Form von Statistiken auf; sie erscheinen nicht namentlich als Personen, um etwa aufgrund von Befürchtungen betr. beruflicher Konsequenzen verzerrte, beschönigende Bewertungen zu vermeiden. Das *wertvolle Feedback*, welches *Führungspersonen* mit dieser 360°-Beurteilung erhalten, kann und sollte von diesen als *direktes Steuerungsinstrument* ihrer eigenen Leadership-Entwicklung Anwendung finden.

Bewertet werden mit dieser 360°-Beurteilung u. a.: Die *Führungskompetenz*, die *Führungsvision* und deren Umsetzung in Form von *Leadership-Verhalten*, die *Persönlichkeit* und allgemeine *Sozialkompetenz des Leaders* sowie die *fachlichen*, *methodischen* und *analytischen Fähigkeiten* der Führungsperson.

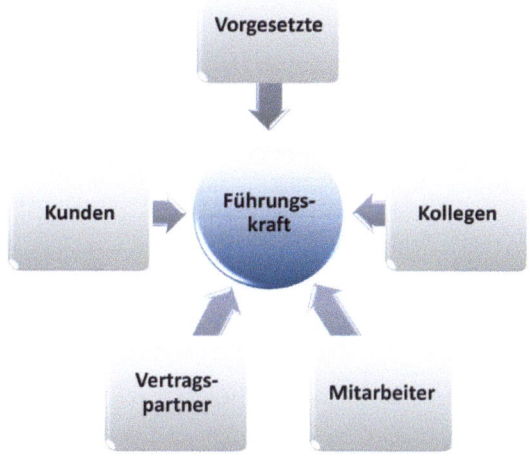

Abbildung 6: Das 360°-Feedback für Führungskräfte[13]

Die Ergebnisse dieser Bewertungen ergeben das sogenannte *Fremdbild* des von allen Seiten beurteilten Leaders. Dieses wird dem *Selbstbild* des Leaders, das er von sich selbst entwirft, gegenübergestellt. Danach werden die wesentlichen Übereinstimmungen und die sog. *Urteilsdifferenzen* zwischen der Selbsteinschätzung und der Fremdeinschätzung herausgearbeitet. Sowohl die Übereinstimmungen als auch die Differenzen enthalten wichtige und vor allem facettenreiche und „objektive" Informationen; sowohl zum aktuellen Entwicklungsstand als auch zum Verbesserungspotenzial und den persönlichen Möglichkeiten. Mit diesen Informationen können vorhandene positive Eigenschaften zukünftig verstärkt bzw. negative Verhaltensweisen zukünftig korrigiert werden. Mithilfe des 360°-Feedbacks erhalten Leader eine Selbst-Steuerungsinformation an die Hand. Diese zeigt ihnen, wo bzw. wie weit sie von der sogenannten Ideallinie abweichen und in welchen Bereichen ihre persönliche Entwicklung kleinerer oder größerer Kurskorrekturen bedarf.

---

13 Quelle: Eigene Darstellung

Von besonderer Wichtigkeit ist es im Kontext des 360°-Feedbacks, nicht nur auf die vorhandenen Schwächen einer Bewertung zu fokussieren, sondern insbesondere auch auf die Stärken der Führungspersönlichkeit zu achten. Dadurch wird dem Feedback eine positive Verstärkerfunktion verliehen. Einer der wesentlichen positiven Effekte der Methode ist die Relativierung des eigenen, fallweise festgefahrenen Selbstbildes von Führungspersönlichkeiten. Die vielfach eintretenden Überraschungseffekte des Feedbacks wirken oftmals auflockernd und als sachliche, konstruktive Kritik im Sinne des Lernprozesses und der Weiterentwicklung von Leadership-Eigenschaften.

Studien, die das 360°-Feedback von Führungskräften untersuchten, stellten eine Tendenz fest, wonach sich das *Selbstbild* der Manager mit zunehmender Höhe der Hierarchiestufe durch Selbstzuschreibungen positiver Eigenschaften vom *Fremdbild* immer stärker unterschied.[14] Daran sehen wir einmal mehr, wie zentral es ist, ein möglichst realistisches Bild von sich selbst zu entwickeln.

Feedbacks besitzen im Allgemeinen die Wirkung nützlicher Rückkoppelungen. Im Falle von Führungskräften lösen diese oftmals einen Perspektivenwechsel und ein Heraustreten aus ihrer Rolle aus. Sie erhöhen das Selbstbewusstsein des Leaders und eröffnen die Möglichkeit der Selbstreflexion und somit die weitere Entwicklung seiner Authentizität. Um an das eingangs erwähnte Beispiel des Friedensnobelpreisträgers Nelson Mandela anzuknüpfen: Er verkörperte den Freiheitskämpfer für Rassengleichbehandlung und danach den Präsidenten Südafrikas *authentisch*. Für alle seine Mitstreiter und Mitarbeiter, für seinen gesamten Stab war er der *Leader*. Die an ihn gestellten Erwartungshaltungen und sein Agieren waren *deckungsgleich*. Sein *Selbstwertgefühl*, unter anderem aufgrund seines enormen Durchhaltevermögens, spiegelte wider, dass er sich seines *inneren Wertes* sicher war. Diese Sicherheit stützte seine *Glaubwürdigkeit*, sie war das *Fundament seiner Authentizität*.

---

14 vgl. Blum & Zaugg, 2008, S. 75

Sein selbstbewusstes Auftreten schob alle eventuell vorhandenen Zweifel an seiner Rolle als *positiver Leader* zur Seite. Die *Wirksamkeit seines Führens* war die Konsequenz seines gelebten Lebens in Verbindung mit praktiziertem, *authentischem Leadership*.

3.1.2 Gelassenheit, Achtsamkeit, Einfühlungsvermögen

Hören wir jemanden von *Gelassenheit* sprechen, meinen wir zu wissen, was darunter zu verstehen sei. Werden wir jedoch nach dem genauen Inhalt von Gelassenheit befragt, wird die Angelegenheit schon etwas schwieriger. In der hektischen Arbeitswelt ist Gelassenheit zwar Ziel und Tugend. Doch um dieses Ziel zu erreichen, muss man sich zunächst klar vor Augen halten, was Gelassenheit ist, worin sie besteht und auch, was Gelassenheit und Leadership miteinander zu tun haben.

Was Gelassenheit *nicht ist*: Gleichgültigkeit, Abgestumpftheit, Trägheit oder auch eine pessimistische, fatalistische Sicht auf die Welt. Gelassenheit ist ein Gemütszustand, der, sobald er erreicht ist, auch in schwierigsten Situationen, sei es beruflich oder im privaten Bereich, *konzentrierte Ruhe*, *Fassung* und *Besonnenheit* bewahren lässt.

Von Feldherren und Kaisern der Antike wird berichtet, dass sie vielfach und sogar in den härtesten Schlachten und dramatischen Kämpfen den Überblick und die Ruhe für Entscheidungen zu bewahren vermochten. Zu solchen Erkenntnissen gelangte nicht nur die abendländische Welt, auch im China der Shaolin-Kämpfer und später, im Japan der Samurai-Krieger, spielte die Gelassenheit eine wesentliche Rolle. In *gesammelter Ruhe* und mit *mentaler Stärke* warteten die Kämpfer darauf, das optimale, maximale Potenzial einer gegebenen Situation zu erkennen und sodann handelnd zu nützen.

Gelassenheit bezieht sich auf jenen Gemütszustand, der dem genauen Gegenteil von Nervosität und stressbedingter Unruhe entspricht. Die *Gefasstheit* in einer komplexen, hektischen Situation ist eine Art der *Unerschüttertheit*. Die Komponente der *Ruhe und Beherrschtheit* hält den unmittelbaren Druck gewissermaßen im Außen und lässt diesen nicht auf das seelische Gleichgewicht durchschlagen. Durch *Gelassenheit* wird der *unmittelbare Druck* aktiv aus einer Situation *genommen*. Ein möglicherweise bereits erreichtes halsbrecherisches Tempo wird *entschleunigt* und dadurch die Gefahr einer aus der Fassung bringenden Emotion hintangehalten. *Selbstbeherrschung* und *Besonnenheit* sind die Eigenschaften, welche im überlegten Handeln dominieren.

Von außen betrachtet werden *Manager* oftmals mit Kaltblütigkeit oder Dickfelligkeit assoziiert, Begriffe, die auch Beimischungen wie etwa *tough* enthalten. *Leader* hingegen zeichnen sich durch *Umsicht* und *Abgeklärtheit* aus; sie gehen an ihre Aufgaben mit Bedacht, Geduld und Gefasstheit heran, was keineswegs mit irgendeiner Form von Langsamkeit zu tun hat. Die *Umsicht* ist eine Art des Überblicks, den der Leader gewinnen und behalten soll. Zusammengesetzt aus *besonnener Gemütsruhe* und seinen *Werthaltungen* entsteht Gelassenheit: Jene Gelassenheit, die positiv, beruhigend und damit *souverän* auf ein Team oder ein Unternehmen wirkt. Jene Ruhe, die nicht auf jeden einzelnen von außen kommenden Reiz sofort reagiert, sondern diesen zunächst einmal nur zur Kenntnis nimmt, ihn bewertet und erst danach Handlungen setzt.

Die im Zuge der Globalisierung beschleunigte Lebens- und Arbeitsweise, die durch Internet und IT dominierten Arbeitsabläufe bis hin zu Multitasking, bergen im Leadership- und Managementbereich Risiken: Arbeit „auf Anschlag" und höchster Einsatz „unter Strom", d. h. unter Bedingungen von permanentem Beschleunigungsdruck, resultieren selten in den besten Ergebnissen – meistens leidet die *Qualität der Entscheidung* darunter. Ein gegen diesen Beschleunigungsdruck wirkendes Konzept ist jenes der *Entschleunigung*. Momente der Ruhe, Sammlung und Konzentration sind dazu in der Lage, die getaktete Routine des kontinuierlichen Arbeits- und Entscheidungsdrucks gezielt zu durchbrechen. Die Qualität der Entscheidungen verbessert sich auf der Grundlage von *gezielter* Entschleunigung. Von Pausen- und Schweigeritualen bis hin zu körperlichen Übungen, um Abstand und Ruhe zu gewinnen, reicht das Spektrum der entschleunigenden Maßnahmen. Diese tragen dazu bei, dass sich die Achtsamkeit für die vielen Dinge, die um einen herum in Permanenz passieren, erhöht. Sobald die Entschleunigung bewirkt, dass – bildlich gesprochen – die Kerze nicht mehr an beiden Enden gleichzeitig brennt und der Zustand einer *aufmerksamen Entspanntheit* erreicht ist, steigt auch die Wahrscheinlichkeit zu qualitativ hochwertigen Entscheidungen.

Entschleunigung und die aus dieser resultierende Gelassenheit ist von außen wahrnehmbar. Sie wirkt für Mitglieder eines Teams, einer Abteilung oder eines Bereiches stets auch als *Verlässlichkeit*, die der Führende ausstrahlt. Gelassenheit ist somit ein wichtiges Kriterium für die entstehende Dynamik in einem Team von Führenden und Geführten. In einer Atmosphäre der Geduld und des Überblickens einer Situation vermittelt der Leader ein Gefühl von Sicherheit; jenes Gefühl, das die Geführten benötigen, um sich an ihm zu orientieren und ihm in der Leistungserbringung zu folgen.

Die meisten Menschen kennen folgendes Phänomen: Längere Autofahrten auf bestens bekannten Strecken – beispielsweise der klassische „Heimweg" – führen fallweise dazu, dass man beim Ankommen Teile der Strecke „vergessen" hat. Die letzten Kilometer sind einfach nicht mehr präsent. Es stellt sich das Gefühl ein, man wüsste plötzlich gar nicht mehr, wie man von A nach B gekommen sei. Man fuhr dahin, scheinbar „automatisch", in Gedanken, kaum anwesend und *unachtsam*.

Das Gegenteil dieser Unachtsamkeit ist bekanntlich die *Achtsamkeit*. Sie ist einer jener Begriffe, die *noch nicht* sehr lange zum Vokabular der *Führung* zählen, und besitzt neben der Ebene der *kognitiven Aufmerksamkeit* auch noch andere Bedeutungen. Achtsamkeit und Management waren jedoch in den Jahrzehnten des europäischen Wiederaufbaus nach dem Zweiten Weltkrieg fast Gegensätze: Achtsamkeit als Abstandnehmen von gewohnten Reaktionsmustern oder als Rücksichtnahme stand über Jahrzehnte kaum zur Debatte. Achtsamkeit war lange Jahre hindurch kein Kriterium, am wenigsten in den Zeiten des rasanten Wirtschaftswachstums, der Schneller-weiter-besser-Ideologie. Weder wurde mit den Ressourcen des Planeten noch mit der Umwelt achtsam umgegangen; besondere Rücksichtnahme galt in Managementkreisen bis zum Ende des Zwanzigsten Jahrhunderts vielfach sogar als Schwäche. Top-Manager, die wie *Jack Welch* (von 1981–2001 CEO von General Electric) den börsenkapitalisierten Unternehmenswert vervielfachten, wurden zu Managern des Jahrzehnts oder des Jahrhunderts erhoben. Dass Jack Welch zwischen 1981 und 1989 aber auch den Personalstand des Konzerns General Electric um mehr als 100.000 Menschen reduzierte, wurde in der Fachpresse weniger häufig erwähnt. Wurde dieses Faktum des personellen Kahlschlags erwähnt, dann war es zumeist als besonders *tough* und *effizient* beschrieben. Die Aktienkurse stiegen, die Rücksichtslosigkeit des Vorgehens wurde nur der Vollständigkeit halber erwähnt.[15]

Achtsamkeit ist eine Denkweise und Haltung – daher der englische Begriff *mindfulness* –, die mehrere Stoßrichtungen gleichzeitig besitzt: Zum einen bezieht sie sich auf den sprichwörtlichen *Schritt zurück*, den etwa der Betrachter eines Bildes im Museum macht, um das gesamte Gemälde betrachten zu können und nicht nur einen Ausschnitt. Achtsamkeit schafft demnach eine *Distanz im Denken*, die ein Leader einnehmen sollte, der sich vor allzu raschen, emotional übereilten Entscheidungen hüten will. Im ökonomischen Kontext ist Achtsamkeit durchaus verwandt mit Gelassenheit. Beide stoppen die Flut an äußeren Reizen und durch diese potenziell ausgelöste Emotionen. Die *Klarheit des achtsamen Vorgehens* besitzt Elemente der *Übersicht*, *Umsicht* und somit auch Teile der Gelassenheit.

Zum anderen besitzt *Achtsamkeit als Bewusstseinszustand* auch eine ähnliche Wirkung wie Konzentration. Während sich jedoch Konzentration auf einen Punkt, eine spezifische Problemstellung bzw. ein bestimmtes, abgegrenztes Blickfeld bezieht, bedeutet Achtsamkeit *eine Form der Aufmerksamkeit, die besonders weit ist*. Eine

---

15 vgl. Bartlett, C. A. & Wozny, M. (1999). *GE's Two-Decade Transformation: Jack Welch's Leadership*. Boston: Harvard Business School Publishing

Art der aufmerksamen Weitwinkel-Perspektive, die das gesamte Panorama überblickt. Achtsam ist, wer „*ganz da*" ist.

Die Kombination aus *Achtsamkeit* und *Gelassenheit* ist für das erfolgreiche Leadership von nicht zu unterschätzender Bedeutung, weil sich diese beiden Eigenschaften auch gegenseitig unterstützen können: Der *Überblick* auf der *Ebene der Achtsamkeit* ergänzt die *Übersicht* auf der *Ebene der Gelassenheit*. Dadurch tragen beide Komponenten gemeinsam zum Abbau von situationsbedingtem Stress bei. Die *Aufgeschlossenheit* und das *Interesse* im *Bereich der Achtsamkeit* unterstützt die *Ruhe* und *Beherrschtheit* im *Bereich der Gelassenheit*. Die *Souveränität des Leaders* wird als höher und gefestigter wahrgenommen, je mehr er diese einander ergänzenden und gegenseitig verstärkenden Elemente miteinander zu verbinden weiß.

Das Beispiel des quasi-automatischen Autofahrens sei an dieser Stelle nochmals angesprochen: Wenn Führungssituationen, Meetings oder Verhandlungen zur reinen Routine verkommen und die Motivationsniveaus niedrig sind, werden diese zwar routiniert jedoch uninspiriert abgewickelt. Achtsamkeit als *eine der Maximen im Leadership* führt *auf lange Sicht zu besseren Entscheidungen*, da diese nicht stereotyp abgehandelt, sondern „wach" und in der Sache aufmerksam entschieden werden. Ebenso wie unachtsames Autofahren das Unfallrisiko statistisch erhöht, vergrößert unachtsames Leadership die Fehleranfälligkeit und verringert damit langfristig das Qualitätsniveau von Entscheidungen. Die Fülle an Informationen, die im Vorfeld des Zustandekommens von Entscheidungen aufzunehmen ist, erfordert vonseiten des Leaders einen Zustand der Achtsamkeit, um optimale Entscheidungen treffen zu können.

Ähnlich wie Achtsamkeit eine fast organische Verbindung zur Gelassenheit aufweist, besteht auch eine führungsrelevante Verbindung zwischen *Achtsamkeit* und *Einfühlungsvermögen*. Leadership besteht zum einen u. a. aus genauer Beobachtung, Informationsverarbeitung und dem Treffen von Entscheidungen. Zum anderen haben Leader im Zuge ihrer Führungstätigkeit und ihres Führungsverhaltens auch in erheblichem Ausmaß zu *interagieren*. Das Wohl ihrer Mitarbeiter, das Motivationsniveau ihrer Abteilung, das

Betriebsklima in ihrem Unternehmen ist für die gemeinsame Leistungserbringung wesentlich. Das *Einfühlungsvermögen* in andere Menschen, das *Sich-Hineinversetzen* in Geführte ist nicht nur zwischenmenschlich wünschenswert; es ist auch aus ökonomischer Sicht nötig, um abschätzen zu können, wie viel einem Geführten zuzutrauen bzw. zumutbar ist.

Die gefürchtete Egoperspektive des sprichwörtlichen narzisstischen Managers, der im Falle einer positiven Nachricht in der *Ich-Form* berichtet, im Falle von negativen Unternehmensnachrichten jedoch stets die *Wir-Form* bemüht, ist sattsam bekannt. Das Gegenkonzept zur diesem Empathiemangel vieler Führungskräfte ist das *praktizierte Einfühlungsvermögen*. Um sich einfühlen zu können, muss zunächst ein *erhöhtes Niveau der Achtsamkeit* erreicht werden. Der andere Mensch muss wahrgenommen werden, nicht nur im managementtechnischen Sinne seiner Funktionalität; es muss ihm auch als Mensch achtsam begegnet werden, damit man nicht nur Zahlen oder technische Fakten mit diesem austauscht. Wird dieser mit seinen Einstellungen, Wünschen und Gefühlen wahrgenommen, kann man auch Unausgesprochenes erkennen und darauf eingehen.

Das Nachfühlen und Nachdenken über die Mitarbeiter, deren Motivationslagen und persönlichen Ziele nötigt dem Leader *Zeit und Aufmerksamkeit* ab. Die Achtsamkeit und das aufmerksame Zuhören, das Unterscheiden von wichtigen und weniger wichtigen Informationen sowie das Lesen von sprachlichen oder körperlichen Signalen bilden für den achtsamen Leader ein Gesamtbild. Erst auf Basis der Gesamtinformation trifft er seine Entscheidung. Die *Achtsamkeit* führt ihn dazu, den Mitarbeiter in seiner Gesamtheit wahrzunehmen und eine Atmosphäre des wertschätzenden Miteinanders zu schaffen. Sein *Einfühlungsvermögen* lässt zu, dass er sich in sein Gegenüber hineinversetzt, die Gefühle besser lesen kann und ihn/sie daher ernst nimmt; zudem reflektiert er in diesem Vorgang auch sein eigenes Verständnis von Leadership. Mit diesen Informationen ausgestattet trifft er seine Entscheidungen mit *Umsicht*, *Bedachtnahme* und *Gelassenheit* und kommt dadurch den idealen Verhaltensweisen von *Leadership* einen großen Schritt näher.

Einfühlungsvermögen kostet Zeit. Bestens investierte Zeit, zum Treffen zielführender Entscheidungen und zur Weiterentwicklung der eigenen Leadershipqualitäten.

3.1.3 Kommunikationsfähigkeit, Begeisterungsvermögen, Konfliktlösungskompetenz

Zu den zentralen „Bausteinen der DNA" eines Leaders zählt die *Kommunikationsfähigkeit*. Während CEOs die Exekution von Prozessen steuern und deren Kennzahlensysteme überwachen, *führen Leader Menschen*. Und während Dinge ohne Kommunikation wunderbar funktionieren können, kann *Enabling*[16] von Leistung durch Leader *keineswegs* ohne persönliche Interaktion auskommen. Wertversprechen von Unternehmen an Mitarbeiter können *nicht ohne Sprache* erfolgen und dennoch erfolgreich sein. „Man kann nicht nicht kommunizieren"[17], formulierte der österreichisch-amerikanische Kommunikationsforscher Paul Watzlawick, dessen Lehrsatz Eingang in die verschiedensten Fachgebiete gefunden hat.

Unternehmen, deren Divisionen und Verantwortungsbereiche, sie alle werden (zumeist) auf der Grundlage von zu verwirklichenden Strategien geführt. Strategien müssen, um Realität werden zu können, stets von der Planungsebene auf die Ebene der Umsetzung gebracht werden. Dieser Transformationsprozess ist eine Art Übersetzung von beschlossenen Ideen und Konzepten in konkretes, umsetzendes Handeln. Die *Kommunikation des Leaders* ist dabei

---

16 Anm.: Enabling, in der wörtlichen Übersetzung „Ermöglichung" bezieht sich auf das zum Erreichen eines Zieles „verhelfende Möglichmachen" durch den Leader, ein „bewirkendes Ermöglichen".
17 Watzlawick, Paul, Beavin, Janet H. & Jackson Don D. (2007). Menschliche Kommunikation. Formen, Störungen, Paradoxien. Bern: Verlag Hans Huber

der zentrale „Transportvorgang": Eine durchdachte Strategie kann durch perfekte, d. h. *überzeugende und mitreißende Kommunikation* in eine sehr erfolgreiche Realität verwandelt werden. Umgekehrt kann jedoch auch ein gutes Konzept durch schlechte Kommunikation zu einem veritablen „Rohrkrepierer" werden. Diese kann eine schlechte, weil uninspirierte und undynamische Realisierung nach sich ziehen und sich somit in eine Reihe von vergebenen Chancen eines Unternehmens eingliedern.

Kommunikation im Kontext von Leadership ist jedoch niemals bloße Einwegkommunikation. Die kommunikative Einbahnstraße von erteilten Anordnungen oder Richtlinien galt nur bis etwa zur Mitte des Zwanzigsten Jahrhunderts als Erfolgsweg der Unternehmensführung. Autoritäre Kommunikation erreichte zwar immer wieder ihre Ziele, selten jedoch ein wirtschaftliches Maximum und kaum jemals ein ökonomisches Optimum. Der Kommunikationsstil des Leaders als Sender *und* als Empfänger von Information ist daher von entscheidender Wichtigkeit. Der springende Punkt ist dabei, ob und wie weit er die von ihm geführten Mitarbeiter – unabhängig von deren Anzahl – von seinen Ideen, Vorstellungen und Plänen überzeugen kann und diese mit seinen Strategien mitzureißen vermag.

Will der Leader in die Lage kommen, seinen Weg und seine Taktik erfolgreich zu vermitteln, müssen in seiner Kommunikation auch erklärende und begründende Komponenten mitschwingen. Er hat dazu nicht viele Gelegenheiten, denn eine schlecht kommunizierte Taktik führt unweigerlich zu Verwirrungen, zu Widersprüchen und damit zur Gefahr der Fragmentierung seiner Gefolgschaft. Wenn nicht alle oder fast alle seiner Mitarbeiter „wie ein Mann" hinter dem Vorhaben stehen, sondern die Taktik ab der ersten Minute in Zweifel gezogen wird, dann sind der Ineffizienz bereits von Anfang an alle Türen und Tore geöffnet.

Wie also kommunizieren *Leader erfolgreich*? Diese Frage führt zu ebenso vielen Antworten wie die Frage: Wie kommunizieren *erfolgreiche Leader*? Die wirksamen Kommunikationsformen sind ebenso vielfältig wie die Persönlichkeitsprofile der von Erfolg gekrönten Kommunikatoren, dennoch haben alle diese einige Gemeinsam-

keiten; Aspekte, die trotz der Verschiedenheit der Personen und Führungsstile von fast allen beachtet werden:
- ✓ *Kommunikation muss regelmäßig erfolgen*: Der Informationsfluss muss, wie der Name bereits sagt, kontinuierlich fließen und nicht nur anlass- oder personenbezogen stattfinden.
- ✓ *Kommunikation hat rechtzeitig zu erfolgen*: Damit die Mitarbeiter hinreichend Zeit eingeräumt erhalten, um sich auf die Information und deren Konsequenzen einzustellen, muss der Leader das Timing seiner Kommunikation kalkulieren. Zu späte Information gefährdet die Effizienz, da sie meist nicht zu produktiver Dynamik, sondern zu Hektik und auch zu Fehleranfälligkeit tendiert.
- ✓ *Kommunikation muss vollständig sein*: Unvollständige Informationen führen einerseits zu Verständnisproblemen und Zweifeln von professionellen Mitarbeitern, ob denn führungsseitig ohnehin alle Aspekte bedacht worden seien; andererseits fühlen sich Mitarbeiter bevormundet bzw. nicht wertgeschätzt, wenn sie vermittelt bekommen, dass sie lediglich Ausführende sein sollen, ihnen jedoch das *big picture* vorenthalten bleibt. *Vollständig* meint dabei *nicht vollinhaltlich*, sondern bezieht sich stets auf die für die Zielerreichung *relevanten* Informationen.
- ✓ *Kommunikation hat verständlich und prägnant zu sein*: Die Nachvollziehbarkeit der Information muss gewährleistet sein. Um dies sicherzustellen, muss die Information klar aufbereitet und gegliedert werden, damit diese nach Möglichkeit bereits beim ersten Mal und nicht erst nach mehrfachem Nachfragen verstanden wird. Die Prägnanz der Leadership-Kommunikation ist ein Muss: Ein klar strukturierter, nicht übermäßig detaillierter und umfassender, sondern prägnanter und auf das Wesentliche fokussierender Stil ist entscheidend.
- ✓ *Leadership-Kommunikation soll mitreißend sein*: Neutrales Abnicken der zuhörenden Mitarbeiter oder deren mehr oder weniger indifferentes Bestätigen von Informationen muss als „beinahe gescheiterte Kommunikation" bezeichnet werden. Auch in solchen Fällen kann – im Nachhinein – noch Dynamik erzeugt werden und die Situation gerettet werden. Dennoch

ist es weitaus günstiger, wenn die Kommunikation des Leaders nicht erst später ihre Wirkung entfaltet; sie sollte sofort wirken, als *ermunternde, inspirierende* und *vorwärtstreibende Information* ankommen, die *anspornt* und *Auftrieb* gibt.

Eine der wesentlichen Voraussetzungen für *mitreißende* Leadership-Kommunikation besteht u. a. darin, dass sie *genau auf jene Punkte repliziert*, die zur Diskussion stehen. Allgemeinplätze werden als ausweichende Antworten aufgefasst, Präzision ist gefragt, was bedeutet, dass der Leader sich selbst verpflichten muss, möglichst konzentriert, d. h. *aktiv zuzuhören*. Die Qualität seines Zuhörens ist vonseiten der Mitarbeiter an den Antworten ablesbar, die sie von ihrem Leader erhalten. Seine Kommunikation wirkt weniger präzise und mitreißend, wenn er den Eindruck vermittelt, er habe „nur mit einem Ohr" zugehört. *Aktives Zuhören* beflügelt die Teammitglieder, sie fühlen sich adäquat beachtet und angenommen und sind dadurch bereit, ihre bestmögliche Leistung zu erbringen.

Dadurch verändert sich die Kommunikation von der bloßen Informations-*Übermittlung* zu einer *Anregung und Begeisterung auslösende Botschaft*. Dazu sind erklärende, strukturierende Elemente ebenso nötig, wie Aspekte, die die Geführten begeistern, mitreißen und damit ihr Engagement erhöhen. Der Manager fungiert als *Übermittler wichtiger Information*, der Leader hingegen als *Erzeuger* und *Quelle unverwechselbarer Kommunikation*. Letzterer will nicht die Menschen „managen", sondern sie für die gemeinsame Idee und Zielerreichung gewinnen und begeistern. Menschen begeistern zu können besitzt nicht nur im Sport oder im Showbusiness, sondern auch in traditionellen Wirtschaftsbereichen durchaus bemerkenswerte Nebeneffekte für Leader: „*Begeisterungsfähigkeit ist die bestbezahlte Eigenschaft der Welt*", postulierte bereits *Frank Bettger*.[18]

---

18 *Frank Bettger* (1888–1981) war einer der legendären US-amerikanischen Spitzenverkäufer in der ersten Hälfte des Zwanzigsten Jahrhunderts und danach Autor internationaler Wirtschafts-Bestseller zum Thema Verkaufspraxis.

Die *Fähigkeit zu begeistern* entspricht dem aktiven Vermitteln von *Enthusiasmus* und *Leidenschaft* für ein gemeinsames Ziel. Sie zählt zu den *positiven, zukunftsorientierten Werthaltungen* und ist daher streng zu unterscheiden von jeglicher Art des Fanatismus. Fanatische Besessenheit von Religion bis Politik ist, wie die Geschichte und Gegenwart immer wieder zeigte und zeigt, oftmals von Inhumanität und Aggression getragen. Im Unterschied dazu hat die *Begeisterung* mit *Freude*, *Idealismus* und *Schwung* zu tun, die im wirtschaftlichen Leadership-Kontext übertragen werden sollen. Die gemeinsam mit dem Leader begeistert an eine Aufgabe herangehenden Mitglieder eines Teams erzeugen mit ihrem Enthusiasmus *zusätzliche Energie und Dynamik*. Diese wirkt sich wiederum positiv auf die Zielerreichung und die Qualität des Gesamtergebnisses aus.

Im Zuge eines Projektes, im Laufe von zu bewältigenden ökonomischen Leistungserbringungsprozessen gibt es jedoch nicht nur positive Phasen und Abläufe, sondern auch *Hürden*, *Klippen* und *Konflikte*, die es zu meistern gilt. Spannungen und Gegensätze existieren in

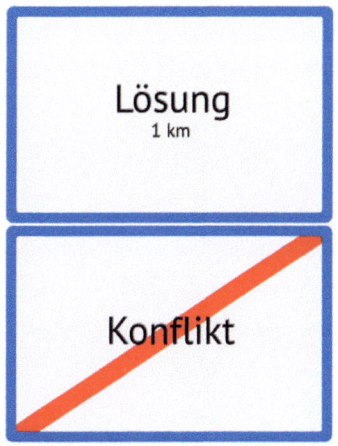

Abbildung 7: Erfolgreiches Konfliktmanagement[19]

---

19 Quelle: Eigene Darstellung

sämtlichen Unternehmen und Organisationen der Welt. Sie entstehen, weil sie in der Natur des Menschen angelegt sind und daher nicht erst ab einer gewissen Anzahl von Menschen ausbrechen, sondern bereits ab der Größenordnung von Zweierbeziehungen stattfinden.

Konflikte verändern sich in ihrem Aussehen und in ihren Auswirkungen, je mehr Personen an ihnen beteiligt und je mehr potenziell gegenläufige Interessen unter einen Hut zu bringen sind. Die großen internationalen Konflikte münden, wenn diese vonseiten des politischen und diplomatischen Leaderships nicht mehr gelöst werden können, fast ausnahmslos in militärische Auseinandersetzungen. Das wirtschaftliche Kräftemessen mündet in Streiks, wenn die Leader der Arbeitnehmer und Arbeitgeber nicht in der Lage sind, eine Einigung auf dem Verhandlungsweg herbeizuführen. Daher ist es von *größter Wichtigkeit* die *Konflikte zu bereinigen, bevor* diese ihre *destruktiven Wirkungen* entfalten können.

Wesentliche Voraussetzungen für die Lösung von Konflikten sind, dass
- ✓ die Konfliktparteien überhaupt *die Bereitschaft zur Lösung* der Auseinandersetzung haben,
- ✓ der Konflikt *nicht* dadurch zu lösen versucht wird, indem sämtliche der Beteiligten ihm aus dem Weg gehen, und
- ✓ die *Emotionen* aller Beteiligten und insbesondere jene des Leaders *möglichst kontrolliert werden*, damit sie die Lösung der Gegensätze nicht behindern.

Konflikte bieten für die Leadership-Situation auch unvergleichliche Chancen: Als Leader eine Lösung herbeizuführen, bedeutet eine *kritische Situation zu bewältigen*, das *Team auf eine gemeinsame Zielerreichung einzuschwören*. Zudem wird man als Leader gesehen, der beweist, dass er nicht nur bei gutem Wetter vorangeht, sondern auch bei einem Wettersturz und nachfolgendem Chaos die Kontrolle wieder herzustellen in der Lage ist. Konfliktlösungen entsprechen daher einem *Auf-die-Probe-Stellen* der *Leadership-Fähigkeiten*. Die Chance des Überwindens von Hürden, das erfolgreiche Umschiffen von Klippen kann ein Team noch fester zusammenschweißen und ihm erst recht ein *starkes und stabiles Teambewusstsein* verleihen.

Die Strategien zur *Konfliktlösung* sind mannigfaltig. Der Leader hat zu entscheiden, wer sein Gegenüber ist und wird dementsprechende Kommunikationsmittel anwenden, *Eskalationen verhindern* oder bereits *bestehende Konflikte deeskalieren*. Er wird *konstruktives Vokabular* verwenden und versuchen die sogenannten *Du-Angriffe* innerhalb seines Teams zu *versachlichen*. *Aufeinandertreffende Glaubenssätze* oder Werthaltungen der Konfliktparteien sind zu *dissoziieren*; dabei wird der Leader versuchen *Distanzen einzurichten, mentale Abstände zu etablieren*, damit diese Gegensätze nicht mehr *gegen-*, sondern *nebeneinander* stehen. Hindernisse zu beseitigen und kontraproduktive Schuldzuweisungen in harmonisches Miteinander zu verwandeln sind Fähigkeiten, die der *Leader als Moderator und Mediator* ausbauen soll.

3.1.4 Entscheidungsfreude, Kreativität und Belastbarkeit

Ein fiktives Beispiel aus der Bergwelt: Die fünf Stunden des Aufstieges zum Berggipfel waren hart, das Gipfelkreuz ist bereits in Sichtweite und zum Greifen nahe, nur noch etwa eine knappe halbe Stunde bis zum Gipfelsieg. Bei strahlendem Sonnenschein und blauem Himmel tauchen ein paar Wolkentürme am Horizont auf, und der erfahrene Bergführer *trifft die Entscheidung*, sofort zur Schutzhütte zurückzukehren. Die Enttäuschung den Gipfel nicht zu erreichen ist groß. Als das Wetter jedoch innerhalb kurzer Zeit umschlägt und statt sommerlicher Sonne zwei Drittel des Abstiegs in eisigem Schneesturm verlaufen und die Teilnehmer der Gruppe völlig erschöpft die Berghütte erreichen, sind sie glücklich über die getroffene Entscheidung. Der Vorschlag ihres Bergführers, bei gutem Wetter den Gipfelsturm erneut zu unternehmen, wird freudig aufgenommen.

Entscheidungen gehen stets dem Handeln voraus. Sie werden sowohl nach subjektiven wie auch nach objektiven Kriterien getroffen. Der

Weg vom *Abwägen* über das *Planen* zum *Handeln* und *Bewerten* beinhaltet kontinuierliche Entscheidungen, und zwar in jeder einzelnen Phase und an den jeweiligen Übergängen zwischen diesen. Anhand des sog. *Rubikon-Modells der Handlungsphasen*[20] soll gezeigt werden, wie die Entscheidungen in sämtliche der verschiedenen Handlungsphasen eingebunden sind. Das Modell ist mit dem Namen einer der bekanntesten Führungspersönlichkeiten der Weltgeschichte verbunden: Julius Caesar. Rubikon war der Name des Grenzflusses, den Julius Caesar im Jahre 49 v. Chr., *nach sorgfältiger Überlegung* und anschließender *klarer, unmissverständlicher Entscheidung* mit seinen Truppen überschritt und danach dem Senat in Rom den Krieg erklärte.

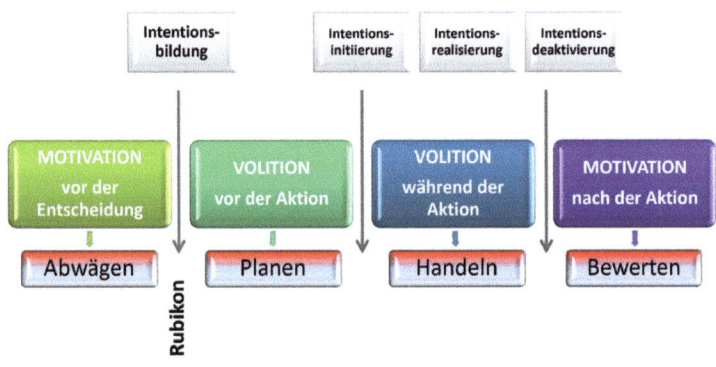

Abbildung 8: Das Rubikon-Modell der Handlungsphasen[21]

Die in diesem Modell dargestellten Prozesse beschreiben die vielfältigen Phasen der Zielwahl und -realisierung, in die jeweils Entscheidungen eingebettet sind.

---

20 vgl. Achtziger & Gollwitzer, 2010, S. 310 ff.
21 Quelle: Eigene Darstellung nach Achtziger & Gollwitzer, 2010, S. 311

● *Die Motivationsphase vor der Aktion* ist jene Phase, in der Wünsche und Ziele produziert werden. Sie ist eine Zeit des Abwägens verschiedener Möglichkeiten und Denkalternativen. In ihr werden mögliche Handlungen auf deren Konsequenzen hin durchgedacht, in der Vorstellung durchgespielt. In diese entscheidungsvorbereitende Phase fließt auch die gesamte Erfahrung dessen ein, der die Entscheidung zu treffen hat. Sind die erwarteten Ergebnisse überhaupt erzielbar? Stehen genügend Mittel und Ressourcen zur Verfügung? Nach sorgfältigem *Abwägen* wird der *Wunsch* bzw. das Bündel an Wünschen *in passende Ziele transformiert*. Mit dem Bilden der *Zielintention* fällt zumeist auch die Entscheidung: Der Rubikon ist zu überschreiten.

● *Die Volitionsphase vor der Aktion* stellt jene *Phase des willentlichen Anstrebens* von Zielen dar, in der *noch keine unmittelbare Handlung* erfolgt, sondern die *Grundsatzentscheidung* getroffen wurde und nunmehr zahlreiche *Schritte der Planung* folgen. Alle diese Schritte werden mit der *inneren Einstellung von Verbindlichkeit* verfolgt. Jeder Planungsschritt, alle Abfolgen und Aneinanderreihungen von Einzelschritten erfordern wiederum erneutes Entscheiden.

● *Die Volitionsphase während der Aktion* ist ein Bündel an Maßnahmen und Anstrengungen, um diese Ziele auch tatsächlich zu erreichen. Es wird also im wahrsten Sinne *das Wort in die Tat umgesetzt*. Entscheidungen hinsichtlich der in der Planungsphase definierten Einzelschritte, gefassten Vorsätze und Durchführungsdetails werden während der gesamten Handlungsphase kontinuierlich nötig.

● *Die Motivationsphase der Bewertung* tritt ein, sobald die Handlungen abgeschlossen sind. Im Blick zurück wird verglichen, ob die definierten *Ziele und Erwartungen erfüllt, übererfüllt oder untererfüllt* wurden. Je nachdem, wie die objektiven Bewertungen und subjektiven Einschätzungen ausfallen, sind wiederum *Entscheidungen* zu treffen. Diese können die ursprünglichen Ziele in beliebigem Ausmaß korrigieren, adaptieren, ausweiten oder reduzieren, andere oder zusätzliche Ziele definieren oder auch die ursprünglichen Ziele grundsätzlich bestätigen. Ebenso wird der Weg zur Zielerreichung analysiert, um auch überall dort anzusetzen, wo ablauforganisatorische Prozesse verbessert werden können.

In allen Handlungsphasen sind *Entscheidungen* zu treffen, oftmals nacheinander, fallweise simultan bzw. nebeneinander. In jedem Fall wird von einer Führungskraft erwartet, dass sie ihrer *Funktion als Entscheidungsträger* gerecht wird. Weder soll der Leader erst dann Entscheidungen treffen, wenn diese nicht mehr länger aufschiebbar sind, noch soll er mangels Grundlagen spontan zu früh entscheiden. Er soll *Entscheidungskompetenz* zeigen, d. h., er soll auf der Basis einer möglichst raschen *Analyse des Entscheidungsumfeldes* samt umfassender *Beurteilung der Handlungsalternativen* seine Entscheidung treffen.

Die folgende schematische Darstellung zeichnet den Weg von der *Absicht* zum *Entschluss*:

Von der Absicht zum Entschluss

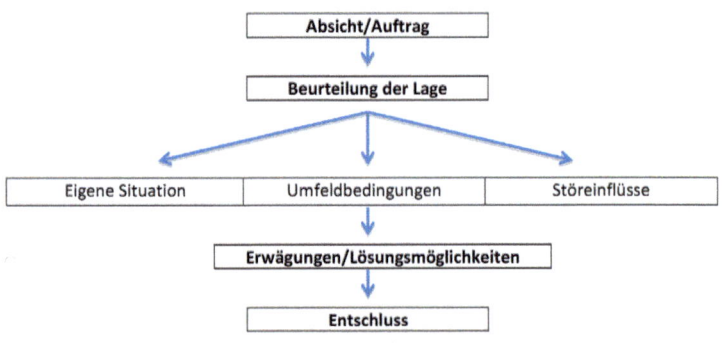

Abbildung 9: Von der Absicht zum Entschluss[22]

---

22 Eigene Darstellung in Anlehnung an die Vorschrift Truppenführung (BMfLV)

Absicht/Auftrag:
Ist die Leitlinie aller folgenden Überlegungen.

Beurteilung der Lage:
Analyse des eigenen Potenzials, der gegebenen Umfeldbedingungen sowie möglicher interner und externer Störeinflüsse.

Erwägungen/Lösungsmöglichkeiten:
Gegenüberstellung der verschiedenen Lösungsansätze und Argumente. Die Möglichkeit mit der größten Erfolgsaussicht wird als Entschluss formuliert. Dabei gibt nicht die Anzahl der Vor- und Nachteile den Ausschlag, sondern deren Qualität.

Entschluss:
Ist der Ausdruck des eigenen Willens als Folge der Situationsbeurteilung und sollte in einem Satz formuliert werden.

Zu treffende *Entscheidungen* und *Kreativität* scheinen auf den ersten Blick nicht viel gemeinsam zu haben, dennoch hängen sie ursächlich zusammen: Kreativität hat viele Ursachen und mindestens ebenso viele Auswirkungen, umfasst sie doch den gesamten Kosmos des Schöpferischen schlechthin. Zumeist sind die ersten Assoziationen mit dem Begriff der Kreativität jene, die im Bereich der Kunst angesiedelt sind: Malerei, Komposition, und auch Erfindungen bzw. das Herstellen von bis dahin noch nicht vorhandenen Dingen fallen unter diesen Bereich. Auf die *Führungspersönlichkeit* bezogen bedeutet *Kreativität*, dass es für fast jede Problemstellung mehrere Lösungsmöglichkeiten oder Lösungswege gibt und diese zu finden sind.

Eine der Voraussetzungen für das Finden von Lösungen ist zunächst die *Problemsensitivität*, das Begreifen einer Situation, das *Identifizieren eines Problems*. Die Kreativität kommt dann ins Spiel, wenn der Leader nicht nur eine, sondern mehrere Lösungsmöglichkeiten entwickelt. Wenn er den gewohnten Denkweg zwar geht, aber zusätzlich weitere, neue Sichtweisen auf das Problem schafft. Indem er kreativ ist, improvisiert er, entwickelt neue Ansätze und vermittelt seinem Team damit ein hohes Maß an Sicherheit, dass die vor ihnen liegende Situation lösbar ist und auf die eine oder andere Weise gelöst werden wird. Die *Entscheidungskompetenz* kommt ins Spiel, wenn es darum geht, nach genauem Abwägen die beste der vorhandenen Ideen auszuwählen, „bei den Hörnern zu packen" und umzusetzen.

Kreativität und *Entscheidungsfreude* sind Eigenschaften, für die ein Leader von seinem Team langfristige Achtung gezollt bekommen kann. Denn es sind oftmals die schwierigen Situationen, die scheinbar aussichtslosen Problemstellungen, die durch Originalität und kreative Gedankenblitze einer Lösung näher gebracht werden können. Kreative Ideen vonseiten der Führungspersönlichkeit *befeuern gruppendynamisch* auch die Kreativität der Teammitglieder. Der bekannte Prozess des Brainstormings ist ein gutes Beispiel für das *schöpferische Aufstacheln* und das bewusste Erzeugen eines *kreativen Ideenpools*. Kreativität, die vonseiten des Leaders eingebracht wird, *löst oftmals Blockaden* bei den Teammitgliedern. Vielfach kann die gesamte Teamleistung gesteigert werden, wenn eine „Kreativitäts-Injektion" in der Form von neuen Anstößen eingebracht wird. Der gesamte Bereich des Veränderungsmanagements basiert nicht auf der sprichwörtlichen einen „bahnbrechenden Veränderungsidee", sondern auf *Kreativität als Haltung der Offenheit gegenüber möglicher Veränderung*. Veränderungen sollten daher als Chance und nicht als Bedrohung wahrgenommen werden.

Die Dinge auf innovative Weise zu tun, bedeutet, sie nicht *notwendigerweise* so zu tun, wie sie immer getan wurden. Innovative Vorgangsweisen zu wählen heißt, *zu neuen Strategien, Prozessen* und *Verhaltensweisen zu animieren* und sich von Best-Practice-Beispielen *inspirieren* zu lassen. Kreativität als Haltung bedeutet nicht Veränderung um der Veränderung willen, sondern offen zu sein für Alternativen, für Interaktion und auch für das Entstehenlassen von Ideen. In etwa so, wie der erwähnte Julius Caesar, der höchstwahrscheinlich eine Vielzahl von Ideen, Strategien und Plänen entworfen und etliche davon auch mit seinen engsten Vertrauten diskutiert und modifiziert hatte. Die Entscheidung, den Rubikon zu überschreiten, musste er als Leader jedoch alleine treffen. Sein engster Kreis wurde möglicherweise von ihm in diesen Kreativitäts- und Entscheidungsprozess mitgenommen und überzeugt, sodass seine Mitstreiter „wie ein Mann" hinter der getroffenen Entscheidung stehen konnten.

Großartige Ideen landen aufgrund des *Mangels an Kreativität* leider oftmals in der Schublade. Aber bereits *durchschnittliche Ideen* können aufgrund der Kreativität des Leaders und/oder seines Teams weiterentwickelt werden. Sie werden schließlich zu einer Strategie emporentwickelt, die das davor schwierig scheinende Problem plötzlich lösbar erscheinen lässt. Und bereits die Aussicht auf die Problemlösung und deren Erfolgswahrscheinlichkeit lässt neue Kräfte entstehen.

Der *Gesamtprozess aus Kreativität, Entwicklung von Ideen, kontinuierlichen Entscheidungsprozessen*, das Bewerten und Selektieren von Ideen erfordert *Energie*. Am Ende des Prozesses steht schließlich die letztgültige Entscheidung als strategische Vorgangsweise fest: Die Entscheidung des Teams, insbesondere aber auch jene seines Leaders. Nicht umsonst heißt die Führungskraft auch *Entscheidungsträger*, da er das Gewicht der Entscheidung – bildlich gesprochen – auf seine Schultern lädt. Die Last, die ein Leader schultert, setzt wiederum voraus, dass er *belastbar* ist; dass er psychische und physische Fitness besitzt, um das *Gewicht der Entscheidung* auch tragen zu können und wirksam werden zu lassen. Er muss daher Ressourcen im Sinne der Stressresistenz besitzen. Zudem muss er auch die Bereitschaft haben, diese in einer gegebenen Situation zielgerichtet mobilisieren und aktiv einsetzen zu wollen.

Neue Ideen zulassen, Kreativität fördern, transparente Entscheidungen treffen und die daraus erwachsende Gesamtbelastung tragen können, macht den *Leader zum Vorbild* für sein Team. Die Führungspersönlichkeit, welche diese Eigenschaften in sich vereint, ist weder Superman noch Superwoman, sondern ein Mensch, der als verantwortungsbewusster Leader seine Teammitglieder, Mitarbeiter und Mitstreiter mit „ins Boot" zu holen versteht.

3.1.5 Durchsetzungsvermögen und Mut

Dass Leadership auf der Basis von formalen Befugnissen alleine, d. h. bloß aufgrund von verliehener Autorität erfolgreich zu verwirklichen sein könnte, hat sich in der Wirtschaft – von wenigen Ausnahmen abgesehen – nicht bestätigt. Zu gering sind die menschlichen Anziehungskräfte, die von der formalen Autorität alleine ausgehen. Dennoch benötigt Leadership in seiner Umsetzungsphase stets auch das Instrumentarium der *Durchsetzung*, das einige wichtige Aspekte von Autorität in sich enthält.

Die *Führungssituation* ist der klassische Fall, an dem die *aktiven* und *passiven* Formen des *Einflusses* zur Geltung kommen. Der Leader wendet sowohl die *aktive* Variante, jene des *Ausübens von Einfluss* an, um auf sein Team einzuwirken und Verhaltensweisen zu verstärken oder zu verändern. Er wendet auch die *passive* Form seines Einflussvermögens an, indem er als Führungspersönlichkeit *Vorbildfunktion* besitzt und *Einfluss auf sein Team* hat. Wie bereits anhand des *Rubikon-Modells der Handlungsphasen* ausgeführt, sind in jeder der Teilphasen des Handelns Entscheidungen zu treffen und diese auch umzusetzen. Die nötige Energie – etwa am *Beginn* der Umsetzung eines Projektes – ist jedoch von der Energie, die für ein bereits laufendes Vorhaben zu erbringen ist, zu unterscheiden. Ähnlich wie bei einem Raketenstart die Anfangsenergie darüber entscheidet, ob die Rakete überhaupt vom Boden abhebt, ist das *Durchsetzungsvermögen* maßgebend dafür, ob ein wirtschaftliches Projekt „abhebt" und dauerhaft „fliegt". Das *Durchsetzungsvermögen* ist überdies jenes, das laufend bewirkt, ob und in welcher Form die eigenen *Werte vertreten* und die *vereinbarten Ziele verwirklicht* werden. Gleichzeitig sind dabei auch die Überzeugungen und Werthaltungen der Mitarbeiter zu respektieren; das Durchsetzungsvermögen ist keine Einbahnstraße der Machtausübung.

Sich aufgrund von Autorität zu einem befehlenden, aggressiven Führungsverhalten hinreißen zu lassen, oder Mitarbeiter ständig mit Konsequenzen zu bedrohen bedeutet, dass man sich punktuell zwar durchsetzen kann, jedoch weder Vertrauen noch ein sinnstiftendes, konstruktives Klima etabliert. Ebenso wenig zielführend ist es auch, aus falsch verstandener Höflichkeit auf die Durchsetzung von Interessen, Werten oder Zielen zu verzichten. Denn damit können zahlreiche wirtschaftliche Möglichkeiten versäumt und Ideen zerstört werden. Darüber hinaus können derartige Versäumnisse im Nachhinein sogar als Führungsschwäche ausgelegt werden.

Diese Gegenüberstellungen zeigen, dass das *Durchsetzungsvermögen* stets eine *Gratwanderung* ist. Einerseits müssen Ziele erreicht, Probleme gelöst und Kennzahlen erbracht werden; andererseits dürfen Mitarbeiter aufgrund einer sich in Permanenz durchsetzenden Führungsperson aber auch nicht im Dauergefühl der Unwichtigkeit zurückgelassen werden. Der Widerstand, der häufig überwunden werden muss, um sich durchzusetzen, darf nicht zu einer Zurücksetzung des Gegenübers führen. Der Respekt, den der Leader den von ihm Geführten zu zollen hat, muss aufrechterhalten bleiben.

Diese Ausführungen sollen auch vor Augen führen, dass die *Gratwanderung* des *Durchsetzungsvermögens* eines Leaders ursächlich mit seinem *Einfühlungsvermögen* zusammenhängt; seine *soziale* und vor allem seine *kommunikative Kompetenz* sind gefragt. Die Wirksamkeit seiner Führung, d. h. die Menge bzw. Anzahl an durchgesetzten Ideen und Projekten hängt mit seiner *klaren, präzisen* und gleichzeitig auch *mitreißenden Form der Kommunikation* zusammen. Versteht ein Leader es, seine *Ideen unmissverständlich auszudrücken*, erlangt er dabei die volle Aufmerksamkeit seines Teams. Damit hat er den ersten Teil seiner Durchsetzungsaufgabe bereits erledigt: Indem er *Klarheit* schafft, sagt und begründet er, *„was er will und warum er es will"*. Somit hat er auch *sein Zielsystem mit klaren Linien umrissen* und wenig Spielraum für Interpretationen bzw. Fehlinterpretationen gelassen.

Die „klare Ansage" des Leaders zeigt den von ihm geführten Teammitgliedern, dass er zur Formulierung fachlicher und strategischer Vorgaben wie selbstverständlich in der Lage ist. Er ist *entscheidungsstark, selbstsicher* und *vermittelt diese Sicherheit auch an sein Team*, wodurch sein Zielerreichungs-Entwurf vielversprechender, sinnvoller und damit anziehender wirkt. Ein „klare Ansage" zu tätigen bedeutet, deutliche Vorgaben zu formulieren, diese auch zu begründen und dann durchzusetzen.

Die *Überwindungsleistung*, die der Führende dabei zu erbringen hat, kann auch *Mut* genannt werden. *Mut* ist eine überaus vielgestaltige Eigenschaft. Im Leadership-Kontext kommt ihm besondere Bedeutung zu; er kann überdies mit sämtlichen der vorangegangenen Beschreibungen von Leadership-Eigenschaften in Zusammenhang gebracht werden. Es gehört Mut dazu, eine Entscheidung zu treffen und eine Vision zu verwirklichen. Ebenso wird Mut benötigt, um schwierige Aufgaben oder heikle Fakten anzusprechen; und es ist Mut vonnöten, um sich inneren und äußeren Konflikten zu stellen. Die Überwindung von schwierigen Aufgaben verlangt ebenso mutiges und charakterstarkes Vorgehen, wie der Versuch, kreative und innovative Wege zu beschreiten und damit Risiko zu nehmen. Kühnheit und der Mut zum Querdenken werden besonders dann honoriert und respektiert, wenn Ziele erreicht und Schwierigkeiten überwunden wurden. Leader, die Rückgrat zeigten, haben sich Anerkennung erarbeitet und Autorität erworben, die wesentlich mehr zählen, als eine bloß verliehene Befugnis.

Eine anspornende Aufforderung der Teammitglieder vonseiten des Leaders ist die mündliche oder durch Gesten und Mimik signalisierte *Ermutigung*. Der Führende macht seinen Gefährten Mut, indem er deren Selbstvertrauen stärkt und sie bei Bedarf auffordert, sich zugunsten des zu erreichenden Zieles einem Risiko oder einer Gefahr auszusetzen. Das alte Sprichwort „den Mutigen gehört die Welt", lässt einen unweigerlich an die frühen Seefahrer und Entdecker denken. Diese zeigten Mut zu Neuem und nahmen bei Expeditionen ins Ungewisse erhebliches Risiko auf sich. Sie brachten den Mut auf, das Vertraute loszulassen, und zeigten damit ihren Mannschaften implizit, dass sie über Führungsqualitäten verfügten.

Mut ist letztendlich auch der unerschrockene Blick in das eigene Innere, die Bereitschaft sich den eigenen Schwächen und Fehlern zu stellen: Der Leader sollte sich dieser aber nicht nur abstrakt bewusst sein, sondern sie sich im Sinne der Selbstkritik und Selbstverantwortung auch ehrlich eingestehen, um an ihnen arbeiten zu können. Fehler zuzugeben zählt *ausdrücklich* zu den Stärken eines Leaders. Leadership darf zu keinem Zeitpunkt den Heiligenschein der Unfehlbarkeit vermitteln, sondern sollte stets Menschlichkeit erkennen lassen. Des Weiteren gehört auch *Mut* dazu, um Gelassenheit zu erreichen, bei gleichzeitiger Entwicklung des eigenen Selbstbewusstseins. Und es ist auch *Courage* vonnöten, um anderen Menschen gegenüber auf taktvolle Weise eine adäquate Work-Life-Balance einzufordern. *Mut* und *Charakterfestigkeit* stellen jene Grundtugenden von Führungspersönlichkeiten dar, die Ziele erreichen wollen und gleichzeitig auch *couragiert genug* sind, ihre Aussagen und Entscheidungen – nicht ihre Überzeugungen und Werte – zu ändern, wenn die Sachlage dies verlangt.

4 Entwicklungsgrundlagen für Leader von morgen

Immer wieder ist zu beobachten, dass in Unternehmen – von mittelgroßen Organisationen bis hin zu internationalen Konzernen – Spezialisten, d. h. Mitarbeiter mit dem höchsten Fachwissen in Führungspositionen gelangen. Solche Beförderungen werden gewiss nicht willkürlich vorgenommen, sondern beispielsweise auf der Basis von Potenzialanalysen getroffen. Dass die besten Fachkräfte jedoch vielfach nicht die besten Leadership-Eigenschaften mitbringen, sondern in der Praxis tatsächlich häufig wie „leitende Spezialisten" agieren, ist sattsam bekannt. Das Problem dabei: Vielfach fehlt heutzutage aufgrund des kompetitiven und dynamischen Unternehmensumfeldes schlicht die Zeit, den talentierten Fachmann, die begabte Fachfrau in einen Prozess des Erfahrungen-Sammelns und der Selbstfindung eintreten zu lassen.

Dass dieser Prozess jedoch entscheidend beschleunigt werden kann, indem Leadership gezielt *trainiert* und das Führen *erlernt* wird, ist Gegenstand des folgenden Kapitels. In den folgenden Abschnitten werden alle jene Entwicklungsgrundlagen diskutiert, die im vorangegangenen Kapitel als *Persönlichkeitsmerkmale von Leadern* vorgestellt wurden. Die *Entwicklungsstränge der Sozialkompetenz*, die *Entwicklungsmöglichkeiten der Persönlichkeit* sowie der zentralen *Leadership-Merkmale* stehen im Zentrum der Betrachtungen. Den Abschluss dieses Kapitels bildet eine kurze und zusammenfassende Darstellung ausgewählter wichtiger *Führungsstile*; keine „trockene Theorie", sondern zusätzliche Information für Wissensdurstige. Anhand einiger der international bekannten Führungsstil-Modelle wird sichtbar, welche Stärken bzw. Schwächen die verschiedenen Formen des *Führungs-* bzw. des *Management-Verhaltens* besitzen.

4.1 Entwicklung der Persönlichkeit

Die Qualität eines Leaders zeigt sich nicht primär an seiner akkumulierten Macht, sondern anhand seines Könnens, andere Menschen zur Zielerreichung zu *befähigen*, mental zu stärken bzw. ein Team auf ein gemeinsames Ziel *hinzuleiten*. Die Führungsaufgabe beginnt also beim *Verhalten des Leaders* und damit bei der *Reflexion seines eigenen Verhaltens*. Und es endet in der daraus resultierenden konkreten Führungsarbeit, andere zu befähigen, gestellte Aufgaben selbstständig zu bewältigen. Das eigene Führungsverhalten zu reflektieren ist daher wesentlich. Es umfasst drei Ebenen: jene der *Reflexion der eigenen Persönlichkeit*, jene der *wahrzunehmenden Rolle als Leader* und jene der kontinuierlichen *Überprüfung und Adaption dieser Führungsrolle*.

Die *Reflexion der Rolle als Leader* und die *Überprüfung der Führungsrolle* setzen bereits den Leader und sein Umfeld in Beziehung zueinander. Die Erwartungshaltungen von Führendem und Geführten werden zunächst miteinander in Einklang gebracht. Während die Führungsarbeit kritisch hinterfragt und auch kollektiv bewertet wird, ist die *Reflexion der eigenen Persönlichkeit* ein individueller Prozess.

Mit der *Reflexion der eigenen Persönlichkeit* beginnt bereits deren Veränderung und Entwicklung. Die *Selbstreflexion* ist ein vollkommen persönlicher Vorgang, der nicht primär an das Vorhandensein eines sozialen Umfelds gebunden ist. In diesem Prozess werden die eigenen Werte, Lebenserfahrungen, Fähigkeiten, persönlichen Ziele, Stärken und Schwächen reflektiert, um Fragen beantworten zu können wie etwa: *Was bedeutet Leadership für mich und was möchte ich als Leader bewirken? Welche Lebenserfahrungen besitze ich und wie können diese meine Führungsarbeit positiv verstärken? Nach welchen persönlichen Werten habe ich mein Leben ausgerichtet und wie fließen diese in meine Auffassung von Leadership ein? Und*, im Sinne des 360°-Feedbacks, *wie wird meine Position als Leader von anderen, von Teammitgliedern und Mitarbeitern gesehen?*

Erst auf dem reflektierten und erkannten *Wesenskern der Persönlichkeit des Leaders* können dann die Fähigkeiten, Problemlösungskapazitäten, Techniken und Wissensgebiete aufsetzen und optimal zur Wirkung gelangen. Die Entwicklung der nötigen *Persönlichkeitseigenschaften*, die sich zu *Leadership-Merkmalen* verdichten, kann und muss gefestigt und perfektioniert werden. Das Fundament der Persönlichkeitseigenschaften ist schließlich jenes, das in der Führungspraxis sichtbar wird. Es scheint gewissermaßen durch die Führungsarbeit hindurch und begründet damit erst die *freiwillige Orientierung* der Follower und Teammitglieder an der Persönlichkeit des Leaders. *Persönlichkeitseigenschaften* können weder neu erzeugt noch ausgelöscht werden, sie sind als *Grundbestand an Merkmalen* vorhanden. Sie können jedoch gezielt verstärkt, abgeschwächt bzw. modifiziert und ausbalanciert werden, sodass von einer gezielten und zum Teil konkret *steuerbaren Persönlichkeitsentwicklung* gesprochen werden kann.

Menschen, die beispielsweise in ihrem Lebensverlauf schwierige bzw. belastende Situationen und Problemfälle am laufenden Band zu lösen hatten, sind hinsichtlich ihrer Persönlichkeitsmerkmale *anders trainiert*. Sie treten daher neuartigen Herausforderungen auf eine *andere* Weise gegenüber. Ohne diese andere Herangehensweise zu werten, kann jedoch festgestellt werden, dass solche Menschen ein andersartiges Training, eine verschiedenartige Stimulation in der Entwicklung ihrer Persönlichkeitsmerkmale durchlaufen haben; dadurch gehen sie oftmals instinktiv anders mit schwierigen oder neuartigen Situationen um. In Trainingssituationen simulierte Ernstfälle ersetzen die in der Realität eintretenden Fälle nicht, aber sie kommen diesen so nahe wie möglich, bereiten auf diese vor. Damit machen sie auch die Stärken und Schwächen der jeweils bestehenden Persönlichkeitsstruktur sichtbar und ermöglichen es dadurch dem Einzelnen, gezielt an diesen zu arbeiten. Das „*Streben nach Wirksamkeit*"[23] kann optimiert werden, wenn *Persönlichkeits-*

---

23 vgl. Heckhausen & Heckhausen, 2010

merkmale gezielt *stimuliert* und *verstärkt,* bzw. *gedämpft* und *abgeschwächt* werden.

Die Fragenbereiche, die zur *Selbstreflexion* zählen, sind einerseits überaus vielfältig, andererseits kreisen sie um scheinbar einfache Fundamentalfragen wie: *„Wer bin ich und was sind meine Ziele?",* *„Will ich mich und andere führen?"* oder *„An welchem Punkt und in welchem Zustand befinde ich mich zurzeit?"* Die Selbstreflexion führt zu einem *Selbstbild,* und dieses kann bewertet und auf die einzelnen Persönlichkeitseigenschaften rückbezogen werden. Die *Selbstentwicklung* ist letztlich auch ein charakterlicher Veränderungsprozess. Dieser bringt nicht eine *fundamental andere* Führungskraft hervor, sondern einen *für die neuen Anforderungen besser vorbereiteten, veränderungsfähigeren, flexibleren Leader.*

Authentizität:

Die *Authentizität* ist jener Bereich der Persönlichkeitsstruktur eines Leaders, der erst dann vollends zur Wirkung gelangt, wenn das Fremdbild mit dem *Selbstbild* übereinstimmt. Das *Selbstbild* ist jenes, das von den individuellen Überzeugungen und Werten geprägt wird. Es zieht sich als Lebenshaltung wie ein roter Faden durch die menschliche Existenz. Trotz zahlreicher Veränderungen im Laufe eines Lebens ist das Selbstbild ein tendenziell stabiler Faktor. Ein Mensch, der beispielsweise überaus verlässlich ist und zusätzlich über hohes Gerechtigkeits- und Fairnessempfinden verfügt, wird dies vermutlich von sich selbst wissen. Sein *Selbstbild* ist ihm daher bekannt, sein *Fremdbild,* jenes, das seine Umgebung von ihm hat, muss nicht notwendigerweise mit dem Selbstbild übereinstimmen. Um als Leader authentisch wirken zu können, müssen die Elemente des Selbstbildes solcherart nach außen gezeigt, kommuniziert und durch Handlungen belegt werden, dass die beiden Bilder übereinstimmen. Ist das so, dann wirkt der Betreffende als Leader für seine Umgebung, für sein Team und seine Mitarbeiter authentisch und glaubwürdig. Er erhöht damit die

Chance, dass er zu einer Orientierungsfigur wird, deren Authentizität ihm Respekt und Follower beschert. Sind die beiden Bilder *nicht* im Einklang, besitzen Entscheidungen des Leaders oftmals weniger *„Gewicht"* und *„Nachdruck"*. Es mangelt ihnen an Authentizität, an jenem durch und durch glaubwürdigen, charismatischen und mitreißenden Element der „Echtheit". Dieses Element des *„Selbst"* bzw. des *„Echt"* unterscheidet *starke*, mit natürlicher Autorität transportierte Entscheidungen von *schwachen*. Letzteren folgen Mitarbeiter zwar auch, innerlich jedoch zweifeln sie oftmals an diesen und stehen ihnen nicht selten sogar mit einer gewissen Reserviertheit gegenüber. *Authentizität* zieht *Respekt* und *Achtung* nach sich, die ein Leader jedoch nicht einfordern, sondern nur in der Form eines Feedbacks, gewissermaßen als Verdienst akzeptieren sollte.

Selbstwertgefühl und Selbstbewusstsein:

Selbstwertgefühl ist mit Authentizität fast organisch verbunden, und zwar auf der Ebene des Selbstbildes. Selbstwertgefühl ist das Empfinden und Wissen um den eigenen Wert, d. h. eine ehrliche Bestandsaufnahme der eigenen Stärken und Schwächen. Wenn das Selbstwertgefühl nicht an sich stark ausgeprägt ist, steigt und fällt es mit der Quantität an positivem bzw. negativem Feedback, mit Lob und anerkennender Wertschätzung bzw. Kritik, die etwa dem Führenden entgegengebracht wird. Was die Persönlichkeitsentwicklung anbelangt, kann die Steigerung des Selbstwertgefühls auch durch die Betonung der Authentizität erreicht werden. Die Konzentration auf die *„Echtheit"* und *„Selbstheit"*, erhöht die *Selbstannahme* und damit gleichzeitig die *Selbstsicherheit*. Bei intakter persönlicher Integrität sollte auf dieser Stufe der Persönlichkeitsentwicklung noch das Element der Überzeugung hinsichtlich der eigenen Fähigkeiten dazukommen. Diese bilden dann das *Selbstbewusstsein* heraus, die sichere, *kaum erschütterbare Überzeugung* hinsichtlich der eigenen Gesamtfähigkeiten. Das Bemühen um die Übereinstimmung von *Selbstbild und Fremdbild*, das in *Authentizität* resultiert, besitzt demzufolge einen positiven, beschleunigenden Effekt für die Entwicklung des *Selbstwertgefühls*. Es bildet somit die Grundlage für ein *stabiles Selbstbewusstsein*.

Diese Ingredienzien sind es, welche einen Leader auch „bei Gegenwind" selbstbewusst, ruhig und überlegt stehen lassen. Sein nach außen transportiertes Bild vermittelt Authentizität und unerschütterliche Sicherheit. Die Teammitglieder können sich an ihm orientieren, sind von seinen Entscheidungen überzeugt und werden mit diesen „eins", d. h., sie *identifizieren* sich mit diesen. Selbstsicheres und selbstbewusstes Auftreten und Handeln erzeugen den sprichwörtlichen Funken, der vom Leader auf sein Team überspringt. Dies führt wiederum zur Erhöhung und Stärkung von Selbstsicherheit und Selbstbewusstsein; ein Kreislauf der Persönlichkeitsentwicklung, der sich zusehends festigt und weiter stabilisiert.

Von *Laotse* ist der Gedanke überliefert, dass jener Führende der beste ist, dessen Mitstreiter nach erfolgreicher Bewältigung der Aufgaben sagen, „*wir haben das selbst getan*".[24] Dies ist der Kern des Gedankens des *„Empowering"*, des *befähigenden Ermöglichens*, das ein Leader bewirken kann. *Authentizität*, *Selbstwertgefühl* und *Selbstbewusstsein* sind Persönlichkeitseigenschaften. Als solche sind sie nicht ein für alle Mal festgelegt und unveränderbar, sondern trainierbare Elemente, die verbessert, verstärkt und präzisiert werden können.

4.2 Entwicklung der Sozialkompetenz

Sozialkompetenz ist einer jener Schlüsselbegriffe, der aus der heutigen Unternehmensführung nicht mehr wegzudenken ist. Die Definitionen von Sozialkompetenz sind ebenso vielfältig, wie die Blickwinkel,

---

24 vgl. Tao Te King (*Dàodéjing*), Kap. 17, aus dem Laotse (*Lao Tzu*) zugeschriebenen Hauptwerk des Daoismus.

aus welchen man diese betrachten kann. Verkürzt ausgedrückt und als roter Faden für die Annäherung an Sozialkompetenz sei an dieser Stelle die einfache Behauptung zur Diskussion gestellt: *Leader kümmern sich besonders um ihre Mitarbeiter (zusätzlich zum operativen Geschäft)*. Sich um die Mitarbeiter zu „*kümmern*" bedeutet, sich mit diesen – über die Führung und Steuerung hinaus – achtsam, konstruktiv und ernsthaft zu beschäftigen. Es bedeutet auch, sich kommunikativ auf diese zu beziehen, einen positiven, interessierten und offenen Umgang, d. h. menschlichen Bezug zu diesen aufzubauen und kontinuierlich zu pflegen.

Einer rezenten Studie im deutschsprachigen Raum zufolge ist die Bedeutung der Sozialkompetenz bereits in den Führungsetagen der meisten Unternehmen angekommen: 81% der deutschen, 73% der schweizer und 70% der österreichischen Entscheidungsträger erkennen die *Wichtigkeit der Sozialkompetenz von Führungskräften* an. Gleichzeitig wird jedoch festgestellt, dass im Bereich der *Entwicklung von Sozialkompetenz* nach wie vor der größte Handlungsbedarf (72%) besteht.[25] Dieses Prozentverhältnis sagt aus, dass das Idealbild der Sozialkompetenz von Führungskräften einerseits und die dazugehörige Unternehmensrealität andererseits nach wie vor auseinanderklaffen, etwa so, wie Traum und Wirklichkeit. Mit anderen Worten: Es scheint noch ein weiter Weg zu sein, von der Fach- und Methodenkompetenz bis zum Erreichen der Sozialkompetenz.

Das Ziel des sozialkompetenten Handelns wird durch einen Leader repräsentiert, der sich um seine Mitarbeiter „*kümmert*", nicht weil er dies *soll*, sondern weil er es von sich aus *aktiv anstrebt*: „*Sozialkompetent handeln heißt, mit sich selbst sowie anderen konstruktiv, eigenbestimmt und kooperativ umgehen zu können und zu wollen.*"[26]

Die spezifischen Verhaltenskriterien und die aus diesen resultierenden Ergebnisse sind im folgenden Überblick nebeneinander-

---

25 vgl. Hays, 2014, S. 10 f.; befragt wurden 655 Führungskräfte verschiedenster Branchen im D-A-CH-Raum.
26 Wunderer, 2006, S. 63

gestellt. Einzelne Verhaltensweisen (linke Spalte) können durchaus auch mehr als *ein* Ergebnis (rechte Spalte) nach sich ziehen bzw. auch mehrere Ergebnisse gleichzeitig beeinflussen:

Verhaltenskriterien der Sozialkompetenz von Leadern/Führungskräften	Ergebnisse der Sozialkompetenz von Leadern/Führungskräften
sich als Leader kooperativ verhalten	Zufriedenheit der Teammitglieder
Teammitglieder begeistern und unterstützen	hohe Motivationsniveaus bei Mitarbeitern
Ideen der Mitarbeiter aufmerksam anhören	Wertschätzungsgefühl bei Teammitgliedern
hochgradig selbst- und fremdvertrauend sein	Stärkung der Vertrauensbasis im Team; das Fremdvertrauen hängt u. a. vom Grad des Selbstvertrauens ab
Konfliktlösungen aktiv betreiben	Stärkung des Teamgedankens, „Teamspirits"
soziale Netzwerke aufbauen und pflegen	Einbindung in übergreifende Teams
soziale Werte und Normen vorleben	moralisch-ethische Stärkung des Selbstbewusstseins der Mitarbeiter durch Vorbildwirkung

Abbildung 10: Verhaltenskriterien und Ergebnisse der Sozialkompetenz[27]

An der Spitze der langen Anforderungsliste, die im Zusammenhang mit Sozialkompetenz an Führungskräfte gestellt wird, steht die Etablierung einer gelebten *Feedbackkultur*. Was bedeutet das in der Praxis? Wie im Abschnitt über das *360°-Feedback* dargelegt, besteht ein solches Rundum-Feedback aus wesentlich mehr Komponenten als nur dem traditionellen Mitarbeitergespräch. Die verschiedenen Perspektiven werden im 360°-Feedback eingenommen, um den Mitarbeiter bzw. die Führungskraft aus den verschiedenen Betrachtungswinkeln anzusehen und zu bewerten. In der Gesamtheit aller dieser Feedbacks ergeben sich zahlreiche Schnittpunkte und Schnittflächen; d. h. aus der Summe aller Betrachtungen und deren teilweise stärkeren und schwächeren Übereinstimmungen ergibt sich eine Art dreidimensionales Bild der bewerteten Person.

---

27 Quelle: Eigene Darstellung in Anlehnung an Wunderer, 2006, S. 62.

Im Unterschied zu den „zweidimensionalen" klassischen Mitarbeitergesprächen macht ein umfassendes 3-D-Bild auch die „Ecken und Kanten" der Persönlichkeit besser sichtbar. Höhen, Tiefen, Verdichtungen und Stärken aber auch mögliche Abgründe werden in einer lebendigen Feedbackkultur reliefartig sichtbar gemacht. Sie tragen damit, im Hinblick auf ein konstruktives soziales Miteinander, zur Transparenz bei.

Wie wird nun die Sozialkompetenz – im Speziellen jene des Leaders – konkret aufgebaut, auf welchen Säulen ruht diese Schlüsselkompetenz und welche ihrer Komponenten müssen miteinander verschränkt werden, um die erwünschten Wirkungen sozialer Kompetenz zu erzielen? Um das Ziel, *mit sich selbst und mit anderen konstruktiv, eigenbestimmt, also autonom und kooperativ umgehen zu können,* zu erreichen? Um in den vielfältigen sozialen Situationen mit Teammitgliedern im Sinne des Leaderships erfolgreich zu interagieren?

Die nachfolgende Grafik zeigt die Sozialkompetenz, sowohl als Struktur als auch in ihrem Zustandekommen. Um die Bandbreite an Definitionen und Interpretationsspielräumen in den Griff zu bekommen, wird die Sozialkompetenz von zahlreichen Autoren[28] in *zwei Grunddimensionen* abgehandelt – in jener der *Kooperation* und jener des *autonomen Handelns:*

---

28 Anm.: u. a. Preiser 1978, Münch 1984, Faix & Laier 1996, Nöbauer 1999.

Sozialkompetenz

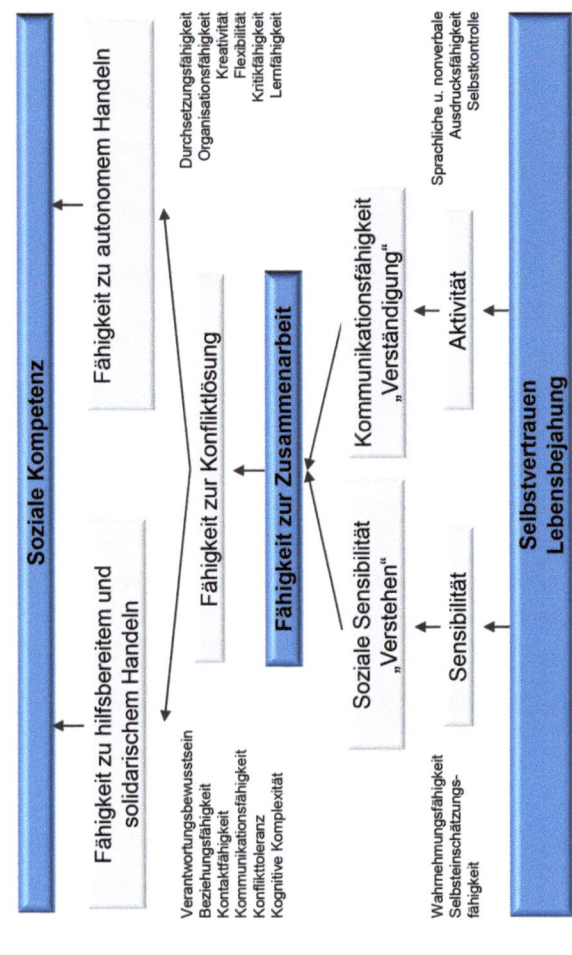

Abbildung 11: Entwicklung der Sozialkompetenz[29]

---
29 Quelle: Eigene Darstellung in Anlehnung an Preiser, 1978, S. 126 ff.

Den Ausgangspunkt für die Entwicklung von Sozialkompetenz bildet dabei eine *lebensbejahende* Basis des *Selbstvertrauens.* Dies ist deshalb die Grundlage, weil ein wohlmeinendes, realistisches *Fremdvertrauen* entscheidend durch das Ausmaß der vorhandenen *Selbstannahme* bzw. des aufgebauten *Selbstvertrauens* mitbestimmt wird.[30] Der Weg zu einer *Fähigkeit zur Zusammenarbeit* mit anderen führt über die Elemente der *Sensibilität* und der *Aktivität*. *Sensibilität* meint dabei die jeweils individuelle Wahrnehmungs- und Selbsteinschätzungsfähigkeit. Unter *Aktivität* werden sowohl das sprachliche als auch das nonverbale Ausdrucksvermögen sowie die Fähigkeit der Selbstkontrolle verstanden.

Von dieser Basis des Selbstvertrauens und der positiven, lebensbejahenden Grundeinstellungen ausgehend, führt der Weg über die *soziale Sensibilität* und die *Kommunikationsfähigkeit* zur *Kooperationsfähigkeit* und *Konfliktlösungskompetenz*. Denn die Beziehungen zwischen Führenden und Geführten entwickeln sich nicht nur in eine Richtung, sondern in mehrere: Indem gemeinsame positive wie negative Erfahrungen gemacht und Schwierigkeiten gemeinschaftlich gemeistert werden, indem gegenseitige Erwartungshaltungen im Laufe der Zeit abgeschliffen werden und auch die Toleranzschwellen allmählich niedriger werden. Darauf aufbauend entstehen die Fähigkeiten des *autonomen* und des *solidarischen Handelns*, die gemeinsam die *soziale Kompetenz* bilden. Die *soziale* Form der *Sensibilität*, welche auf das einfühlsame Zusammenwirken mit anderen Menschen gerichtet ist und das Vermögen sich konstruktiv zu *verständigen* und zu *kommunizieren*, führen gemeinsam zu der *Fähigkeit zur Zusammenarbeit*. Diese *Fähigkeit* besitzt wiederum zahlreiche Stoßrichtungen, die auch die *Lösung von Konflikten* mit einschließen.

Die *Grunddimension der Kooperation* – das ist jene des *hilfsbereiten und solidarischen Handelns* – integriert unter anderem das Verantwortungsbewusstsein, die Beziehungs-, Kontakt- und die

---

30 vgl. Wunderer, 2006, S. 48

Kommunikationsfähigkeit, während die *Dimension des autonomen Handelns* jeweils auf konkrete, gerichtete Fähigkeiten fokussiert: Durchsetzungs- und Organisationsfähigkeit zählen ebenso zur autonomen Dimension wie die Kreativität, Flexibilität oder die Kritik- bzw. Lernfähigkeit. Erst das Zusammenspiel von autonomem, eigenbestimmtem und kooperativem, solidarischem Handeln ergibt die *soziale Kompetenz* eines Leaders.

Die Beispiele der *verwirklichten Sozialkompetenz* in den Dimensionen der Kooperation und der Autonomie sind überaus vielfältig. Nachfolgend werden hier einige ausgewählte Situationen erwähnt, um eine *Kultur der Sozialkompetenz in Organisationen* zu skizzieren:[31]

- *Einsatz für andere* und *Enabling* bezeichnen eine aktive Hilfestellung des Leaders im Falle von Schwierigkeiten eines seiner Teammitglieder, die ein tatsächliches Eingreifen in die Situation darstellt: „*Kommen Sie, wir sehen uns das nochmals gemeinsam an, wir lösen das jetzt gemeinsam ...*", sind die erlösenden Worte, die so oder so ähnlich erwartet und erhofft werden, wenn der Leader in die schwierige, unlösbar scheinende Situation eingreift, um zu helfen, um Hilfe zur Selbsthilfe zu geben. Keinesfalls jedoch greift er ein, um zu kritisieren, um selbst „gut da zu stehen" oder um sich von seinen Teammitgliedern abzuheben.

- *Fairness* anderen gegenüber, die ein Leader an den Tag legt, auch wenn die Bearbeitung einer gegebenen Situation mit Ärger und Konflikten behaftet ist. Der *sozial kompetente Leader* verschärft und eskaliert niemals die Konflikte. Er ist gefasst, beherrscht und mutig sowie zumeist der Ansicht, dass die Deeskalation zu jenem Arbeitsklima führt, in dem konstruktive und gerechte Lösungen gefunden werden können. Aggressionen und Spannungen sind tendenziell kreativitätsbehindernd und binden jene Energie, die besser in das Finden von Lösungsansätzen zu investieren wäre.

---

31 vgl. Wunderer & Dick, 2002, S. 378 f.; vgl. Wunderer, 2006, S. 60 ff.

- *Arbeitsbezogene Höflichkeit* stellt eine der sekundären Tugenden von Leadern dar und besteht u. a. darin, sich in die Erfüllung der gestellten Aufgaben nicht in zu hohem Maße einzumischen. Die Vorgaben des Leaders und seine Miterfüllung von Aufgaben besitzt Vorbildwirkung, die jedoch nicht soweit geht, dass er Teammitgliedern Aufgaben unaufgefordert „aus der Hand nimmt" und diese gewissermaßen in ein Gefühl der Unselbstständigkeit und „Entmündigung" drängt.
- *Schutz der Organisation*: Der sozialkompetente Leader steht voll und ganz aufseiten seines Teams und kämpft mit diesem als *„playing captain"*, um die gesetzten Ziele zu erreichen. Doch jeder Leader steht *auch* aufseiten des Unternehmens, dessen Repräsentant er im weiteren oder engeren Sinne ist. Die Teilung in die Sicht des Unternehmens und in jene seiner Mitarbeiter ist nicht immer miteinander kompatibel, oftmals ist sie in der Praxis sogar widersprüchlich. Der *Altruismus* (Einsatz und Hilfestellung für Kollegen) und die *Kooperation* dürfen im Zweifelsfall nicht so weit ausgelegt werden, dass sie das Unternehmen belasten. Der sozial kompetente Leader schützt und fördert daher auf charakterfeste Weise das Ansehen der Organisation, für die er tätig ist; er spricht im Außenverhältnis ausschließlich positiv über das Unternehmen.
- *Weiterentwicklung*: Zur Sozialkompetenz zählt auch die Bereitschaft, sich ständig weiterzuentwickeln. Das jeweils erreichte Niveau von Fachwissen, Methodik und Leadership soll nicht als erreichter Zenit betrachtet werden, sondern Offenheit und Aufgeschlossenheit für Neues soll nachweislich praktiziert werden.

Der *sozial kompetente Leader* vereint die meisten dieser Aspekte in sich, mit dem Ziel, Vorbildwirkung auszuüben und seine Teammitglieder bzw. Mitarbeiter zur Nachahmung seines sozialkompetenten Verhaltens zu animieren. Damit wirkt er als Vorbild, das eine Kettenreaktion von kleineren und größeren Veränderungen der Sozialkompetenz seiner Mitarbeiter auslöst. Im Idealfall entwickeln sich diese zu einer sozialkompetenten *Unternehmenskultur*.

4.3 Entwicklung der Leadership-Merkmale

In den verschiedensten Unternehmen und deren organisationalen Strukturen stehen Führungskräfte immer wieder vor konkreten Fragen wie etwa: Wieso steht das Team nicht stärker hinter unserer gemeinsam beschlossenen Strategie und was kann ich tun, damit sich dies ändert? Was ist mit diesem oder jenem Mitarbeiter los? Was denken mein Team und meine Kollegen über meinen Führungsstil und welche Änderungen bzw. Verbesserungen sollte ich vornehmen?

Bei oberflächlicher Betrachtung scheinen sich solche Fragen aus der täglichen Führungspraxis auf verschiedene Sachprobleme zu beziehen. Bei näherer Betrachtung wird jedoch sichtbar, dass Leadership-Fragen dieser Art sich in ihrem Kern *fast ausschließlich auf Menschen beziehen*. Auf jene Teammitglieder und Mitarbeiter, die sowohl von den Entscheidungen betroffen sind, als auch diese mittragen und verwirklichen sollen. Entscheidend ist daher nicht jener Ansatz, der auf eine Verbesserung der Sach- und Lösungskompetenz fokussiert, sondern ein Zugang, der auf eine *Verbesserung der Leadership-Qualitäten* selbst zielt; auf das *Weiterentwickeln und Perfektionieren der Leadership-Merkmale*.

Der Begriff *Entwicklung* meint in diesem Zusammenhang viele verschiedene Aspekte bzw. Teilaspekte der Veränderung und Verbesserung der Leadership-Gesamtfähigkeiten: Entwicklung, das sind sowohl Ausbau und Perfektionierung bereits vorhandener Fähigkeiten als auch das Entfalten und Verbessern noch nicht ausreichend ausgebildeter Leadership-Merkmale, gewissermaßen schlummernde Facetten einer Persönlichkeit. Das Heranbilden und Weiterentwicklen beschreibt dabei ein stufenweises Entstehen, Fördern und Verbessern von Leadership-Merkmalen. So lange, bis sich ein optimaler individueller Führungsstil herausgebildet hat und der Leader als sinnstiftende Persönlichkeit auf seine Mitarbeiter und sein Team „*empowering*" und „*enabling*", *ermutigend* und *motivierend-befähigend* wirkt.

Die Entwicklung der Leadership-Eigenschaften spricht auch zentrale *Emotionen* an. Diese können, wenn sie ausgebildet werden, überaus förderlich sein. Sie können sich jedoch auch als Führungshindernisse herausstellen, wenn sie nicht entwickelt werden. Dazu zählt der bewusste Umgang mit dem emotional zentralen Bereich Angst sowie Mut als eine Qualität zu deren Überwindung. Zusammenhängend damit stehen Entscheidungsfreude, Durchsetzungsvermögen und Belastbarkeit als weitere Attribute. Dabei erscheint es im Kontext der Entwicklung von Leadership-Merkmalen besonders wichtig, auf den gezielten, steuernden Umgang des Leaders mit diesen hinzuweisen; schon alleine deshalb, weil die überwiegende Fachliteratur zu den Themenbereichen Führung und Personalmanagement, sowohl im englischen als auch im deutschen Sprachraum, den Bereich *Emotion* stark unterbelichtet.[32]

Das Vergegenwärtigen des starken Einflusses von Emotionen auf Entscheidungen und menschliche Reaktionsweisen hat demzufolge nichts mit Schwäche zu tun. Es hat, ganz im Gegenteil, mit der Stärke eines Leaders zu tun, der an den persönlichkeitsbestimmenden Bereichen arbeitet, um durch deren Verbesserung seine Führungsqualitäten zu erhöhen. Die sprichwörtlichen Beschreibungen *„ein Mensch wie du und ich"* oder *„ein Mensch zum Angreifen"*, beziehen sich u. a. auf diesen Punkt. Leader sollten keine abgehobenen, von Emotionen unbetroffenen, gleichsam „übermenschlichen" Wesen sein. Sie sollten gerade durch das Arbeiten an zentralen Persönlichkeitsmerkmalen eine Nähe zu ihrem Team aufbauen und damit die zwischenmenschliche Distanz überbrücken. Verantwortung zu übernehmen und Führungsfunktionen zu erfüllen hat in diesem Sinn sehr stark mit *Selbsterkenntnis* und disziplinierter, zielgerichteter *Selbstführung* zu tun.

Für die Entwicklung der Leadership-Merkmale ist *Selbstführung* an sich von hoher Bedeutung, wie zahlreiche Autoren übereinstimmend ausführen.[33] Doch im Unterschied zu fachlichen Qualifikationen ist

---

32 vgl. Scholz, 2014, S. 1102 ff.
33 vgl. Drucker, 2003; vgl. Malik, 2006

der Lern- und Entwicklungsprozess von Leadership-Eigenschaften zwar auch auf direktem Weg zu gehen – allerdings mit hohem Risiko für die Führungskraft selbst, als potenzieller Lateralschaden für seine Mitarbeiter und das gesamte Unternehmen. Ein wesentlich risikoärmerer *indirekter Weg besteht darin, sich als Führungskraft in Bereichen außerhalb des Berufes, z. B. Sport, Kunst, Literatur in herausfordernde Situationen zu begeben, mit deren Bewältigung als Persönlichkeit zu wachsen und diese Erfahrungen dann* in Leadership-Aufgaben on-the-job einzubringen. Ein Entwicklungsweg, der „über die Bande" zum Ziel führt. Der Punkt ist: Menschen können mittels gezielt herbeigeführter kontrollierter Ausnahmesituationen wertvolle Erfahrungen sammeln, eigene Fähigkeiten genauer kennenlernen und Grenzen ausweiten. Das *Trainieren* und *Erfahrungslernen* des Überwindens schwieriger Situationen und des Hindurchführens eines Teams ist für Leader deshalb so wichtig, weil es gewissermaßen zum Inventar des Führenden zählt. Je besser er darin ist, desto klarer, sicherer und damit erfolgreicher wird seine Führung bei „Schlechtwetter".

An welcher Stelle der Effekt des Erfahrungslernens in gezielt gestalteten Lernsituationen auftritt, kann am Besten anhand des sogenannten *Komfort-Risiko-Modells* gezeigt werden:

Die *Komfort-Zone* ist jener Bereich, in dem sich der Führende bestens auskennt: Die tägliche Routine, d. h. kaum Vorkommnisse, die weit außerhalb des Gewohnten sind. Anforderungen in dieser sogenannten Komfort-Zone sind weitestgehend bekannt und wurden hunderte Male in dieser oder ähnlicher Konstellation bewältigt. Der Lerneffekt in der Komfort-Zone, die Weiterentwicklung über das bestehende Niveau der Führungsqualität hinaus ist daher marginal bis nicht vorhanden. Bewegt man sich – das Modell ist ein universalistisches und gilt praktisch für fast alle Menschen jeglichen Alters – aus seiner Komfort-Zone hinaus und setzt sich neuen Herausforderungen aus, wird man in der sogenannten *Risiko-Zone* vielfältig gefordert. Es gilt Lösungskompetenzen, Kreativität, Mut, Entscheidungs- und Durchsetzungsvermögen und

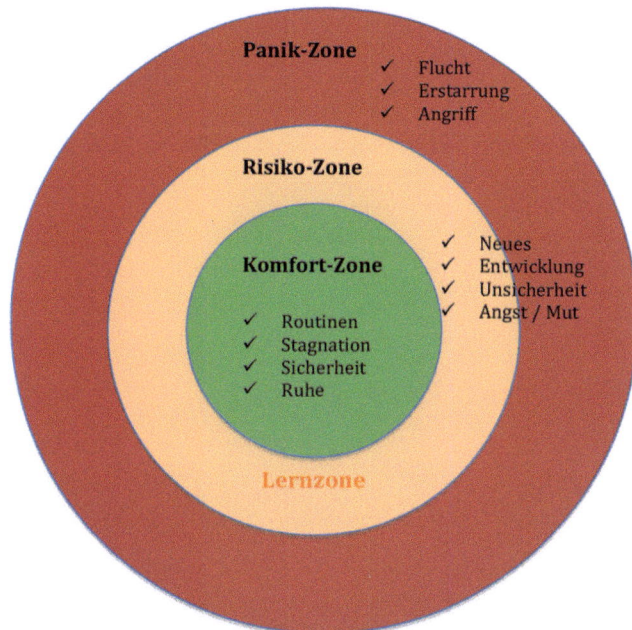

Abbildung 12: Das Komfort-Risiko-Modell[34]

viele weitere Leadership-Eigenschaften zu aktivieren oder zu verstärken, um den Aufgabenstellungen erfolgreich zu begegnen.

Neues, bis dahin Ungelöstes kommt auf den Betroffenen zu und er entwickelt daher *neue Zugänge, Lösungsansätze und schlussendlich relevante Skills*. Zusätzlich zum direkt eintretenden individuellen Lerneffekt tritt eine weitere Wirkung hinzu, jene der *Erweiterung der Komfort-Zone*; diese wird größer, weil immer mehr der erlernten führungsrelevanten Fähigkeiten aus dem Bereich der *Risiko-Zone* zu einer Art „relativer Normalität" werden. Die Souveränität des Leaders wächst; und sie wird sichtbarer, etwa dann, wenn er trotz der Konfrontation mit neuen Problemstellungen nicht zögert oder ausweicht, sondern diese erfasst und deren Lösung sofort einleitet.

---

34 Quelle: Eigene Darstellung

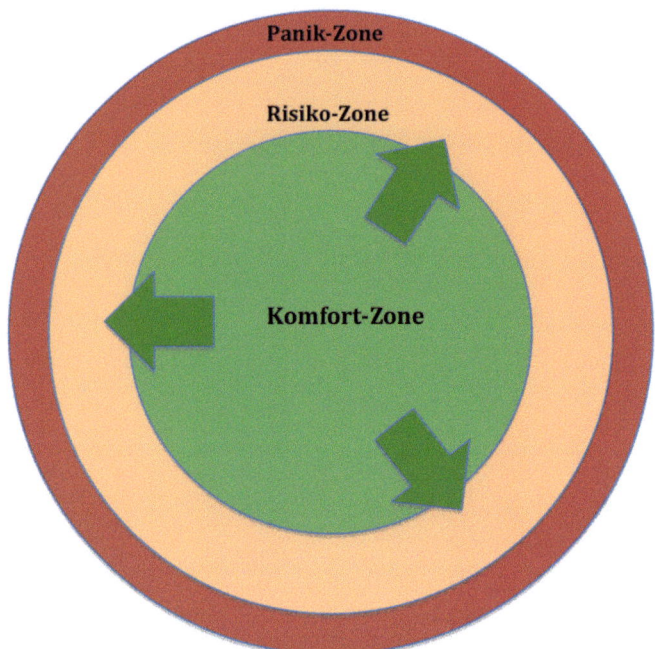

Abbildung 13: Das Komfort-Risiko-Modell und seine Veränderung durch Entwicklung der Persönlichkeit[35]

Wenn für den Betroffenen das Risiko zu hoch und die Situation subjektiv nicht mehr beherrschbar scheint, kann er Panik geraten. In dieser sogenannten *Panik-Zone* ist klares, rationales Denken und Handeln nicht mehr möglich – reaktive Panikhandlungen dominieren (Flucht, Erstarren oder Angriff), da die reinen Überlebensinstinkte zu greifen beginnen und zielorientiertes Handeln zurückdrängen. Hier kann kein Lernen mehr stattfinden.

Zum Lernen muss der Betroffene wieder zurück in die *Risiko-Zone*: Bei kontrolliertem Risiko, in beherrschbaren aber sehr herausfordernden Situationen ist die Lernkurve vergleichsweise steil und die Leadership-Eigenschaften können effektiv ausgebildet werden.

---

35 Quelle: Eigene Darstellung

Hinzu kommt noch, dass durch die Bewältigung von verschiedenen Problemstellungen innerhalb der *Risiko-Zone* auch die *Grenze zur Panik-Zone* tendenziell weiter hinausgeschoben werden kann. Dieses *Lernzonen-Modell* kann sowohl auf die Weiterentwicklung der Persönlichkeitsmerkmale von Leadern übertragen werden, als auch auf Unternehmen und deren handelnde Akteure. Ziel ist es jedenfalls, das persönliche Können und das individuell ausgeprägte Wollen, bezogen auf die Leadership-Eigenschaften zu optimieren und graduell zu verbessern.

4.4 Führungsstile: „Theoretische Orientierungen für Wissensdurstige"

In diesem Kapitel sollen einige der wichtigsten Theorien von Führungsstilen kurz und zusammenfassend erläutert werden. Es soll dabei jedoch der Eindruck vermieden werden, dass in diesem Buchteil die Seiten mit „trockener" Theorie gefüllt wurden. Ziel war und ist es vielmehr, mithilfe der Nebeneinanderstellung der wichtigsten wissenschaftlichen Modelle und Führungstheorien, jenes Feld „abzustecken", innerhalb dessen sich Management und Leadership überhaupt entwickelt haben, um im gegenwärtigen Führungsalltag die tragende Rolle zu spielen. Die Theorien der verschiedenen Führungsstile und -beziehungen bilden die Begrenzungspunkte in diesem Bereich. Gleichzeitig stellen sie die Verbindungslinien für Leadership- und Management-*Verhalten* dar. Wenn es unterschiedliches *Verhalten von Führungskräften* gibt, wenn dieses *Führungsverhalten gewisse Konturen* besitzt, dann kann es auch voneinander abgegrenzt, typologisiert und schließlich in Modelle gegossen werden.

Eine kurze Orientierung dieser Führungsstile und -typologien soll im Folgenden geboten werden. Das Beziehungsdreieck aus *Führender – Geführter – Situation* ist dabei stets im Vordergrund zu halten und bewusst mitzudenken. Denn nicht jedes „Einzelverhalten" von Leadern gegenüber ihrem Team ist bereits Führung. Die vorgestellten Modelle blicken daher stets auf die generellen, d. h. länger andauernden Verhaltensweisen, die eine Führungsbeziehung konstituieren und letztlich auch innerhalb ihres eigenen Systems begründen.

4.4.1 Das GRID-Modell von Blake & Mouton

Das erste *Verhaltensgitter-Modell* von *Robert R. Blake* und *Jane Mouton* wurde 1964 entwickelt und im Laufe der Jahrzehnte weiter verfeinert und angepasst. Das *GRID-Modell* geht von der Voraussetzung aus, dass Führungspersonen in Unternehmen ein bestimmtes Beziehungsverhalten etablieren. Es sollen die von Ihnen Geführten zur konstruktiven Zusammenarbeit mit anderen Mitarbeitern, Unternehmensbereichen, mit Kunden usw. angespornt werden, um dadurch optimale Resultate im Sinne der organisationalen Ziele zu erreichen.

Das *Verhaltensgitter-Modell* besitzt zwei Achsen und damit zwei inhaltliche Orientierungen des Führungsverhaltens: Die Orientierung und Ausrichtung des Führungsverhaltens nach *Sachen*, d. h. nach Sachfragen bzw. Produkten (x-Achse). Und die Orientierung an *Menschen*, d. h. an den direkt und indirekt geführten Teammitgliedern bzw. Mitarbeitern (y-Achse). Aus der jeweils vorhandenen Grundeinstellung der Führungspersönlichkeit ergeben sich wie grafisch dargestellt fünf *Hauptführungsstile:*

1.1 *neutraler Führungsstil*: Es wird gerade so viel getan, um als Führungskraft die Position halten zu können; weder dominiert die Sachorientierung noch das menschliche Interesse an den Mitarbeitern.

9.1 *autoritärer Befehlsstil*: Ohne nennenswerte Rücksicht auf die Mitarbeiter wird das zumeist kurzfristig orientierte Augenmerk primär auf die Produktivität, die Ergebnisse und deren laufende Kontrolle gelegt.

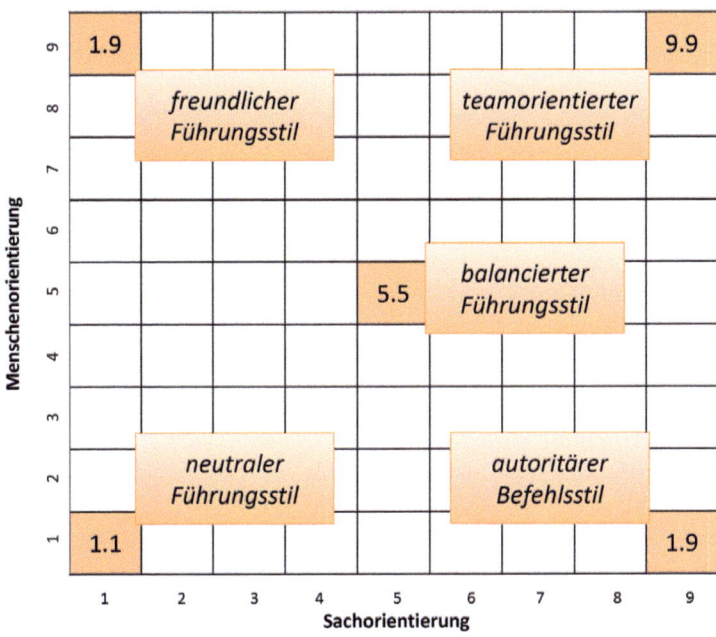

Abbildung 14: Managerial Grid:
Verhaltensgitter-Modell nach Blake & McCanse[36]

5.5 *balancierter Führungsstil*: In diesem wird ein mittlerer, zufriedenstellender bis angepasster Gleichgewichtszustand angestrebt; d. h. ein möglichst jedes Extrem vermeidender Kompromiss zwischen Unternehmenszielen und den Bedürfnissen der Mitarbeiter. Obwohl dieser Führungsstil auf den ersten Blick ausgeglichen und konstruktiv erscheint, ist er nur selten dazu in der Lage, längerfristig qualitative Höchstleistungen zu entfesseln.

1.9 *freundlicher Führungsstil*: In der Annahme, dass angenehmes, besonders freundliches Führungsverhalten den guten Willen der Mitarbeiter beflügelt, wird ein zwischenmenschlich rücksichtsvoller und harmonischer Stil und Umgang gepflogen.

---

36 Eigene Darstellung in Anlehnung an Blake & McCanse, 1995, S. 51.

9.9 teamorientierter Führungsstil: Die einzelnen Teammitglieder sind hoch motiviert, da ihnen mit Vertrauen und Wertschätzung begegnet wird, sie Verantwortung übertragen bekommen und die Zusammenarbeit im Team stark betont und gefördert wird. Aufgrund der ausgeprägten Leistungsbereitschaft misst und vergleicht sich das Team nach innen und nach außen an hohen Qualitätsstandards.

4.4.2 Das Reifegrad-Modell: Situatives Führen nach Hersey & Blanchard

Das *Reifegrad-Modell* von *Hersey & Blanchard*[37] ist ein bewertendes Führungsmodell. Es beurteilt zunächst die sog. „Arbeitsreife" eines Mitarbeiters bzw. Teammitglieds nach den Kriterien Ausbildung, zusätzlich erworbenes Wissen, allgemeine Fähigkeiten etc. Die festgestellte „Arbeitsreife" bezieht sich auf den jeweiligen Grad der Bereitschaft, Verantwortung zu übernehmen. Hinzu kommt die Bewertung der „mentalen Reife" von Mitarbeitern, nach Kriterien wie Motiviertheit und Leistungsbereitschaft etc., die hinsichtlich der Erfüllung von gestellten Aufgaben bestehen. Die Einschätzung und Bewertung der betreffenden Mitarbeiter erfolgt subjektiv durch die Führungskraft bzw. den Vorgesetzten. Auf Basis dieser durchaus nahe an der Unternehmenspraxis gelegenen Bewertungsmethode haben Hersey & Blanchard insgesamt *vier Reifegrade* ermittelt. Diesen entsprechen wiederum *vier situative*, d. h. der jeweiligen Situation entsprechende, *Führungsstile*:

I. *Gering ausgeprägte Arbeitsreife und geringe mentale Reife*: Dies betrifft Mitarbeiter, die weder Verantwortung übernehmen können noch diese übernehmen wollen. Der entsprechende *Führungsstil* ist daher jener einer *präzisen Anordnung* der auszuführenden Tätigkeiten sowie deren *kontinuierliche Leistungskontrolle*.

---

[37] vgl. Hersey, Blanchard & Dewey, 2001, S. 127 ff.

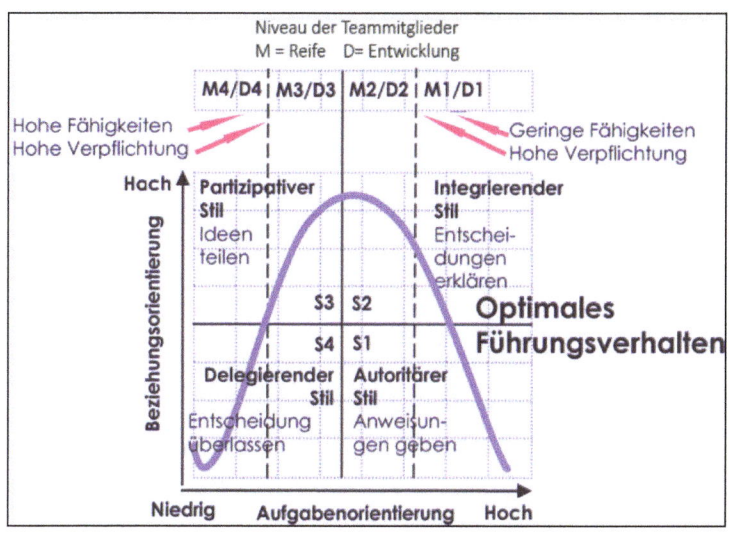

Abbildung 15: Das Reifegrad-Modell[38]

II. *Gering ausgeprägte Arbeitsreife bei hoher mentaler Reife*: Diese Mitarbeiter verfügen über ausreichende Motivation und Leistungsbereitschaft, sind jedoch fachlich bzw. technisch nicht in der Lage oder noch nicht ausreichend eingearbeitet, um Verantwortung zu übernehmen. Der diesem aufgaben- und verantwortungsrelevanten Reifegrad entsprechende *Führungsstil* ist jener der *präzisen fachlichen Führung* bei gleichzeitigem *Ausbau der kommunikativen und sozialen Beziehungsebene*. Damit wird das Motivationsniveau des Mitarbeiters auf hohem Niveau gehalten, bis die fachlichen Qualifikationen „nachreifen".

III. *Hoch ausgeprägte Arbeitsreife und geringere mentale Reife*: Solche Mitarbeiter verfügen bereits über die nötigen fachlich-technischen Skills, sind jedoch mental noch nicht bereit, Verantwortung zu übernehmen; sei es aus inhaltlichen Bedenken oder generell aus unvollständig ausgeprägter Bereitschaft dazu. Der situationsad-

---

38 Quelle: Darstellung nach Lent, 2013

äquate *Führungsstil* ist in diesem Fall die *partizipative Führung*: Der Manager bzw. Vorgesetzte ist gefordert, aktiv an der Entwicklung und den Schwierigkeiten des Mitarbeiters teilzuhaben, aktiv zuzuhören, um gemeinsam jene Punkte zu identifizieren, die sich als Hürden darstellen und gemeinsam überwunden werden können.

IV. *Hoch ausgeprägte Arbeitsreife und stark ausgeprägte mentale Reife*: Der Idealfall von Teammitgliedern, die fachlich *und* mental in der Lage und willens sind, Verantwortung zu übernehmen und zu tragen. Der *angemessene Führungsstil* ist jener der *Delegation*. Aufgaben können an solche Mitarbeiter übertragen werden, um von diesen eigenverantwortlich und vollinhaltlich übernommen zu werden.

Die Autoren des Modells haben ein Bewertungssystem zur Diagnose-Unterstützung des Leaders erstellt. Dabei ist allerdings zu bedenken, dass auch dabei der subjektive Eindruck des Bewertenden das Diagnose-Ergebnis beeinflusst. Je höher entwickelt dessen Leadership-Fähigkeiten sind, desto besser gelingt es ihm, seinen Führungsstil situativ, d. h. optimal an sein Gegenüber anzupassen.

4.4.3 Das Führungsstilkontinuum von Tannenbaum & Schmidt

Das *Modell des Führungsstilkontinuums* wurde 1958 von *Robert Tannenbaum* und *Warren H. Schmidt* als *eindimensionales Modell* entwickelt. Im Hinblick auf die *situative Komponente* stellt es ein Vorläufermodell des Konzeptes von Hersey & Blanchard dar, weil es vom Manager fordert, situationsentsprechend zu entscheiden. Die sieben *idealtypischen Führungsstile* stellen eine lineare Abnahme der Willensbildung aufseiten des Führenden dar, und gleichzeitig führt diese zu einer Zunahme der Partizipation und Willensbildung der Mitarbeiter, bis hin zu deren teilautonomen Entscheidungen:

Willensbildung beim Vorgesetzten						Willensbildung beim Mitarbeiter
Vorgesetzter entscheidet ohne Konsultation der Mitarbeiter.	Vorgesetzter entscheidet, versucht aber, die Mitarbeiter von seiner Entscheidung zu überzeugen.	Vorgesetzter entscheidet, fördert jedoch Fragen zu seinen Entscheidungen. Dies vor allem, um damit möglichst hohe Akzeptanz zu erreichen.	Vorgesetzter informiert über seine beabsichtigten Entscheidungen. Die Mitarbeiter können ihre Meinungen äußern, bevor der Vorgesetzte die endgültige Entscheidung trifft.	Die Mitarbeiter bzw. das Team entwickeln Vorschläge; der Vorgesetzte entscheidet sich für die von ihm bevorzugte Variante.	Die Mitarbeiter bzw. das Team entscheiden, nach dem der Vorgesetzte die Ziele und Probleme aufgezeigt hat und auch die Grenzen des Entscheidungsspielraumes festgesetzt hat.	Die Mitarbeiter bzw. das Team entscheiden, der Vorgesetzte fungiert als Koordinator nach innen und als Vermittler nach außen.
autoritär	patriarchalisch	informierend	beratend	kooperativ	delegativ	teilautonom

Abbildung 16: Das Führungsstilkontinuum nach Tannenbaum & Schmidt, ergänzt durch Wunderer[39]

---

39 Quelle: Eigene Darstellung nach Wunderer, 2006, S. 209.

Die drei Faktoren, welche der Führende – der ja in diesem Modell bis zuletzt die Situation steuert, wenn auch mit sukzessive abnehmendem Willensbildungsanteil bis hin zum Bereich der teilautonomen Führung durch die Mitarbeiter – zu beachten hat, sind: (1) Die Kräfte, Charakteristika bzw. Zielsetzungen des Führenden, (2) jene der Geführten und (3) jene der gegebenen Situation. Im Unterschied zu den später entwickelten *GRID*- und *Reifegrad-Modellen* sowie deren nachfolgenden Modifikationen werden in diesem *Modell des Führungsstilkontinuums* die aus der Unternehmenspraxis abgeleiteten Führungssituationen dargelegt. Das Kontinuum, d. h. die Verlagerung von Willensbildung, Entscheidungsvorbereitung und Partizipation ist jene Dimension, entlang welcher der vielgestaltige Begriff von Führung diskutiert wird. Eine mehrdimensionale Sicht auf die Führungsproblematik, etwa nach Mitarbeiterperspektiven und Sachfragen ist zur Zeit der späten 1950er Jahre erst allmählich im Entstehen.

4.4.4 Transaktionale und transformationale Führung nach Burns, Bass und Avolio

Der US-amerikanische Historiker und Politologe *James MacGregor Burns* gewann 1970 den renommierten Pulitzer Preis für seine Biografie von Präsident Franklin D. Roosevelt und verfasste eine weitere über John F. Kennedy. Burns, der während des Zweiten Weltkrieges das Führungsverhalten der Offiziere der US-Army studierte und seine Leadership-Studien nach Kriegsende fortsetzte, entwickelte in den 1970er Jahren das Modell der *transaktionalen Führung*, welches er vom *transformationalen Leadership* unterschied. Die transaktionale Führung verstand Burns im Sinne der Führung durch Szenarien der Belohnung, Bedrohung bzw. Sanktionierung von Mitarbeitern. Dieses Führungsmodell operiert im Wesentlichen psychologisch mit den Eigeninteressen jedes einzelnen Mitarbeiters: Es stellt Belohnungen,

d. h. Bonifikationen als erstrebenswerte und Sanktionen/Bestrafungen als zu vermeidende Konsequenzen dar. Damit bildet es ein System des Austausches und der gegenseitigen Verpflichtungen, ein „*give and take*", welches Leistungsnutzen gegen Belohnungsnutzen tauscht und potenzielle Minderleistungen so lange sanktioniert bzw. so lange korrigierend eingreift, bis der Erfolg eintritt.[40] Beispiele für transaktionale Führung finden sich etwa im Teamsport oder in politischen Wahlkämpfen. Bei diesen werden Belohnungsszenarien einer gewonnenen Meisterschaft bzw. einer gewonnenen Wahl in Aussicht gestellt und damit den Teammitgliedern maximaler Einsatz abverlangt. Im wirtschaftlichen *Krisenmanagement* wird auch heute noch immer wieder, wiewohl zeitlich beschränkt, zu Elementen der *transaktionalen Führung* gegriffen.

Die *transformationale Führung* – in der Definition von Burns war Präsident Franklin D. Roosevelt das Idealbeispiel eines *transformationalen Leaders* – ist jene, die auf Visionen, Persönlichkeit und inspirative Motivation zwecks Zielerreichung aufbaut. Dadurch fokussiert sie jeweils auf höherwertige Ziele, Ideale und Wertvorstellungen. Der transformationale Leader stellte für Burns somit eine Art moralische Führungspersönlichkeit dar.

Die Thesen zur *transformationalen Führung* nach Burns wurden von *Bernard M. Bass* zunächst alleine und dann gemeinsam mit *Bruce J. Avolio* aufgegriffen und erweitert. Die beiden Organisationspsychologen stellten eine Vielzahl von Faktoren fest, aus welchen sich die – wie der Name bereits sagt – *transformationale* d. h. *verändernde Führung* zusammensetzt. Zunächst verändern und verwandeln sich die Geführten, deren Veränderung sich danach auch wieder auf die Veränderung der Führenden auswirkt.[41] Die wesentlichen Säulen sind:
a. *Einfluss des Vorbilds*, welcher sich auf die Bereiche Moral, Werthaltungen, Vertrauen und uneigennütziges Handeln bezieht. Als Vorbild fungiert der Führende im Sinne einer moralisch-

---

40 vgl. Burns, 1978, S. 4 ff.
41 vgl. Bass & Avolio, 1993, S. 50 ff.

ethischen Orientierungs- und Identifikationsfigur für die von ihm geführten Teammitglieder.

b. *Inspirierende Motivation*, die als Ermutigung und Übertragung von Begeisterung sowie Enthusiasmus und Zutrauen zu den Mitarbeitern zu verstehen ist. Die künftigen Ziele werden optimistisch angesteuert, mit positiver Energie und mit einer kollektiven Zuversicht diese auch zu erreichen.

c. *Geistige Anregung*, welche die herkömmlichen Pfade und etablierten Denkmuster verlässt und mit innovativen und unkonventionellen Ansätzen zu einer Verbesserung der eigenständigen Problemlösungskapazität des Teams führt.

d. *Mitarbeiterorientierung*, die als individuelle Zuwendung an die geführten Mitarbeiter und auf die jeweilige Persönlichkeit sowie das Stärken-Schwächen-Profil des einzelnen Teammitgliedes Bedacht nimmt. Forciert wird besonders die Förderung und Unterstützung der Talente und Kompetenzen der Mitarbeiter; die Führungsperson nimmt dabei die Rolle eines Mentors ein.

Die transformationale Führung, die sich in Zeiten des globalen Wandels als anpassungsfähiges dynamisches Theoriemodell erwiesen hat, besitzt den Effekt, dass Führenden von den von ihnen Geführten Respekt, Vertrauen und Anerkennung entgegengebracht werden. Dieser psychologische Verstärker-Effekt, welcher zu noch besseren Teamleistungen motiviert, da das Selbstbewusstsein und die Selbstachtung des gesamten Teams gestärkt werden, wirkt sich auf die meisten Aspekte und Erfolgsgrößen aus; von Motivation und positiver Grundhaltung bis zu Durchhaltevermögen und Produktivität. Die transformationale Führung besitzt darüber hinaus auch den wünschenswerten Effekt einer sinnerweiternden, kreativen Vorstellung hinsichtlich gemeinsamer Ziele, die sich oftmals auch in Form von erhöhter Mitarbeiterzufriedenheit bemerkbar macht.

4.4.5 Führung durch Zielvereinbarungen: Das MbO-Modell von Drucker

Zu den bekanntesten Führungsmodellen der vergangenen Jahrzehnte zählt das *MbO-Modell* (*Management by Objectives*) des in Wien geborenen US-amerikanischen Managementtheoretikers *Peter F. Drucker*. Er entwickelte die Grundzüge seines *MbO-Modells* bereits 1954 und differenzierte dieses in den nachfolgenden Jahrzehnten weiter. Es zählt als sogenanntes *Delegationskonzept* im weitesten Sinn zur Gruppe der transformationalen Führungstheorien. Im Zentrum steht die *Zielorientierung der Führung*, der jedoch ihrerseits Annahmen hinsichtlich des menschlichen Verhaltens zugrunde liegen. Zum einen setzt das *MbO-Konzept* voraus, dass Mitarbeiter nicht nur die Ziele, sondern auch die Leistungsbeurteilungskriterien kennen. Diese Kenntnisse sollen daher sowohl die Identifikation mit den Unternehmenszielen als auch die Motivation und Eigeninitiative der Mitarbeiter fördern.[42] *Management by Objectives* ist als Prozess zu verstehen, bei dem vereinbarte Sollwerte mit erreichten Istwerten verglichen werden. Das zumeist gewählte Instrument zwischen Führenden und Geführten der verschiedenen hierarchischen Ebenen ist das Zielvereinbarungsgespräch, das oftmals im Jahresrhythmus erfolgt. Die strategischen und operativen Unternehmensziele werden zu diesem Zweck auf die einzelne Stelle und den einzelnen Mitarbeiter übertragen, konkretisiert und spezifiziert, d. h. als „SMARTe Ziele" formuliert (spezifisch, attraktiv, messbar, realistisch, terminiert). Sie stellen somit ein hierarchisches, die gesamte Organisation systematisch erfassendes Zielsystem dar. Dieses periodisch überprüfende, neu formulierende methodische „*Zielbeitragssystem*"[43] ist zu einem viel praktizierten Instrument moderner Unternehmensführung geworden.

---

42 vgl. Wunderer, 2006, S. 231 ff.
43 Wunderer, 2006, S. 232

Das periodische Messen von Ergebnissen anhand der definierten Vorgaben und Ziele steht im Kern des *MbO-Prozesses*. Wichtig ist, dass die innerhalb einer Periode erreichten bzw. positiv übertroffenen Ziele ebenso diskutiert werden, wie die negativen Abweichungen von den vereinbarten Vorgaben.[44] Das *MbO-Modell* wurde im Laufe der Jahre auch dahingehend entwickelt, dass es zu einer weitgehenden Balance von Management- und Selbstkontrolle gelangen konnte. Des Weiteren wurde auch die Entscheidungspartizipation der Mitarbeiter bei der Definition von Zielvorgaben als wichtig erkannt und gestärkt, da Mitbestimmung tendenziell dazu führt, dass Ziele vonseiten der Geführten wesentlich besser angenommen werden.

Zu den zentralen Funktionen, die das *MbO* charakterisieren, zählen die Informations- und Orientierungsfunktionen für das Management und die Mitarbeiter, die Beurteilung der unternehmerischen Zielerreichungsgrade sowie deren kontinuierliche Optimierungen. Auch das Schaffen materieller und immaterieller Leistungsanreize ist von Bedeutung, um ein herausforderndes Klima der Zielerreichung zu erzeugen, das von der Handlungskontrolle der Mitarbeiter in ein System der Ergebniskontrolle übergeführt wird. Im Unterschied zu zahlreichen anderen „Management-by-Modellen", gibt es vermutlich kaum wirtschaftliche Organisationen, die sich noch nicht mit dem *MbO-Modell* selbst oder einigen seiner Teile inhaltlich auseinandergesetzt haben.

---

44 vgl. Staehle, 1999, S. 853 f.

5 Leadership lernen durch Tun

Dass viele der Weisheiten des Konfuzius (ca. 551–479 v. Chr.) auch noch im 21. Jahrhundert aktuell und im Bereich Leadership durchaus richtungsweisend sein können, zeigt sein Satz: *„Sage es mir, und ich werde es vergessen. Zeige es mir, und ich werde es vielleicht behalten. Lass es mich tun, und ich werde es können."* Der große Gelehrte des alten China spricht damit an, was heute im 21. Jahrhundert in den weltweiten Bildungsinstitutionen noch immer nicht vollständig erkannt und nicht im Ansatz gelöst ist: Lernen ist *nicht* dann am effizientesten, wenn es durch reine Vermittlung erfolgt, *auch nicht*, wenn visuelle oder auditive Reize die Präsentationen begleiten. Der Lerneffekt ist dann am größten, wenn der Lernende durch aktives Mitwirken *in den Lernprozess involviert* wird.

Leadership ist einer jener Bereiche, bei welchen der Lernprozess stärker als bei anderen vom Tun und Handeln des Lernenden abhängt und mitbestimmt wird.

5.1 Was ist Lernen? Was ist Erfahrung? Was ist Handeln?

Mit unseren Ausführungen zu den *14 Leadership-Merkmalen* – als *DNA des Leaders* beschrieben – und den auf diesen basierenden *Entwicklungsgrundlagen für Leader* sind die Bausteine für erfolgreiches Leadership umfasst. Diese Elemente bewegen sich jedoch nicht im luftleeren Raum, sondern sind miteinander verbunden und „hängen" gewissermaßen in einem stabilen Gerüst, in einem tragfähigen Rahmen. Wie der Motor eines Autos einen entsprechenden Stahlrahmen benötigt, um seine entwickelte Kraft zielgerichtet auf das Fahrwerk übertragen zu können und Geschwindigkeit aufzunehmen, benötigt auch Leadership einen solchen Rahmen.

In welche Art von Gerüst sind also Leadershipeigenschaften, von Authentizität und Selbstbewusstsein über Einfühlungs- und Begeisterungsvermögen bis hin zu Entscheidungsfreude, Mut und Durchsetzungsvermögen eingebettet? Was genau bildet den Rahmen für die Entwicklungsgrundlagen von Persönlichkeit, Sozialkompetenz und allen anderen wesentlichen Leadership-Merkmalen?

Die Antwort auf diese wichtige und Frage besteht aus drei Teilen: Der stabile Rahmen des Leaderships besteht aus den Elementen *Lernen*, *Erfahrung* und *Handeln*. Auf diesem basierend und aus diesem heraus können Leadershipeigenschaften aufgebaut und perfektioniert werden.

Lernen

Lernen ist, auch wenn es auf den ersten Blick so scheinen mag, keine bloße Tätigkeit, wie etwa das Auswendiglernen von Formeln oder Vokabeln dies suggeriert, sondern ein Prozess. Zu diesem – lebenslangen – Prozess zählt die Aufnahme von Information ebenso, wie das Speichern, Verarbeiten und auch die Reproduktion, d. h. die Wiedergabe dieser Information. Zudem sollen in diesem Prozess die aufgenommenen Inhalte mit neuer, hinzukommender Information verknüpft werden. Und dies auf möglichst sinnvolle Weise, so, dass die Fakten nicht einfach nur aufeinandergetürmt werden, sondern möglichst viele Querverbindungen zwischen den Informationen hergestellt werden. Assoziationen zu der bekannten Technik der *Internet-Links* sind in diesem Zusammenhang durchaus berechtigt. Informationen werden sinnvoll miteinander *verlinkt*. Die Internet-Technologie arbeitet nicht deshalb mit *links*, weil dies der einzige oder beste Weg der Informationsverbindungen ist, sondern weil diese Logik dem menschlichen Denken nachempfunden ist. Je besser und klarer digitale Informationen aufgebaut sind – man denke etwa an die digitale Architektur von *Wikipedia* – desto einfacher orientiert sich der Lernende bei der Informationsbeschaffung und -verarbeitung.

Im Lernen wird auf die bei uns ankommenden Informationen „zugegriffen". Die uns umgebenden Dinge, Menschen, Sachverhalte bzw. Fragestellungen werden als Informationen wahrgenommen. Im Vorgang des Wahrnehmens werden diese Informationen aber nicht nur erkannt und gespeichert, sondern auch bewertet und kategorisiert. In Millisekunden entscheidet sich, ob Dinge etwa als Gefahren zu bewerten sind, ob unangenehme oder schwierige Sachverhalte auf einen zukommen, oder ob die gestellten Fragen mit bereits bekannten Inhalten verknüpft werden können und daher als prinzipiell lösbar erscheinen.

Trotz bester *Lehrmethoden* und *Lernstrategien* werden Dinge jedoch auch vergessen, wenn diese beispielsweise lange Zeit hindurch nicht (aus)geübt werden. Die *Vergessenskurve* ist ein Teil des Lernens ebenso wie die *Lernkurve*. Deren Steil- bzw. Flachheit wird einerseits von der Menge der aufzunehmenden Information und dem Faktor Zeit bestimmt, andererseits von der Einstellung des Lernenden, seiner Lernbereitschaft, seinen Vorkenntnissen und der Methode, wie die zu erlernenden Inhalte vermittelt werden. Wie viel Gelerntes nach welcher Zeitspanne vergessen wird, ist an der Vergessenskurve ablesbar. Auch in diesem Fall gilt der Grundsatz, dass Information nicht durch einen „Klick" auf „Speichern" ein für alle Mal im Gedächtnis haften bleibt, sondern durch Wiederholungen gefestigt werden muss. Wiederholungen in bestimmten Zeitintervallen, oder solche mit leichten Abänderungen von Parametern stellen dabei lebendiges, abwechslungsreiches Lernen dar. Informationen bauen auf früheren Inhalten auf, festigen und verknüpfen diese wiederum in alle Richtungen, sodass am Ende des Lernprozesses das *Gefühl von Sicherheit* entsteht, umfassend *Bescheid zu wissen*.

Lernen ist ein Teil jenes tragfähigen Gerüsts, in welchem die *Leadership-Eigenschaften* fest verankert sind: Das *Selbstbewusstsein* steigt mit Gefühl der Sicherheit, umfassend Bescheid zu wissen. Auch die *Entscheidungsfreude*, der *Mut zu entscheiden*, stabilisiert und festigt sich auf dieser Grundlage. Einer der weiteren Effekte, die aus dem Lernprozess allmählich entstehen, wirkt sich als *souveränes Beherrschen* von Inhalten auf das wichtige Leadership-Merkmal der *Gelassenheit* positiv aus. Auch das vielfältige Verknüpfen und Wiedergeben von Informationen bleibt kein abstrakter Vorgang, sondern wird als *Kreativität* wahrnehmbar; ebenso wie das *Begeisterungsvermögen*, welches der Leader seinen Teammitgliedern oder Mitarbeitern zu vermitteln in der Lage ist.

Speziell für das *Erlernen von Leadership* ist das ausschließlich *kognitive Lernen*, wie etwa jenes einer rein theorielastigen Führungsausbildung mit gravierenden Nachteilen verbunden, da der praktische Bezug zur Realität kaum hergestellt, nicht „verlinkt" wird. Die *Lerneffekte auf der Grundlage von erzielten Erfolgen und begangenen Fehlern* sind zum Teil erheblich und kommen in der reinen Theorievermittlung nicht in ausreichendem Maße vor. Auf der anderen Seite ist auch das *ausschließliche Erfahrungslernen* „on the job" ebenfalls mit gravierenden Defiziten verbunden: Diese reichen – je nach Persönlichkeit – von der krassen Über- bzw. Unterbewertung im Bereich der individuellen Fehlerbilanz bis zur im Laufe der Jahre zunehmenden Betriebsblindheit. Entscheidend ist daher das Mischungsverhältnis der Methoden, von theoretischer Fundierung und erfahrungsbasierten Lernprozessen. Der Anspruch, die Lernprozesse „lebenslänglich" beizubehalten, bedeutet im Endeffekt nichts anderes, als sich dazu bereit zu erklären, kontinuierlich die Veränderungen der Umwelt, Wirtschaft und jene des menschlichen Zusammenlebens mit positiver Neugier zur Kenntnis zu nehmen und weiterzuverfolgen.

Erfahrung

Ereignisse und *Erlebnisse*, die von Menschen wahrgenommen werden, seien diese direkt durchlebt oder indirekt durch Medien vermittelt, verdichten sich zu *Erfahrungen*. Diese sammeln sich im Laufe eines

Lebens zu positiven, neutralen und negativen *Lebenserfahrungen* und zu einer Art Wissen „wie das Leben" funktioniert. Die verschiedenen Frage- und Aufgabenstellungen und die zu überwindenden Hindernisse bilden im Laufe der Zeit eine Sammlung vielfältigster Erlebnisse. Dazu zählen sämtliche Arten der zwischenmenschlichen, fachlichen und beruflichen Erfahrungen. Die Ergebnisse von zu bewältigenden Situationen sei es mittels Wissen, Lernen oder Können führen zu einer *Summe an Erkenntnissen*, die man auch als eine Art *Orientierungsfähigkeit* bezeichnen kann.

Für das *Leadership* bedeutet dies nicht notwendigerweise, dass nur erfahrene Leader auch gute Führungspersönlichkeiten sind. Es kommt auch auf die Art, d. h. auf die Zweckmäßigkeit bzw. Sinnhaftigkeit der gemachten Erfahrungen an. Nicht jede gemachte Erfahrung ist auch auf andere, neue Situationen anwendbar, so, wie manche wertvolle fachliche Qualifikation in bestimmten neuen Zusammenhängen und Fragestellungen nicht unmittelbar hilft. Was jedoch nicht zu unterschätzen ist, sind die bereits erwähnten Verknüpfungen, die *links*, welche aufgrund von Lebenserfahrungen entstehen. Es sind damit nicht die bewussten, offensichtlichen *links* und Verbindungen gemeint, sondern die unbewussten, automatisch entstehenden; jene Verknüpfungen, von deren Existenz man so lange nichts bewusst weiß, bis eine Problemstellung vor einem liegt und man scheinbar *intuitiv* die richtige Lösung findet. Dieser Instinkt, das „sichere Gefühl" in einer bestimmten Situation die richtige Entscheidung zu treffen, ist nur zu einem Teil angeborenes Talent, zu einem Großteil jedoch vermutlich *eine Art des Orientierungsvermögens auf der Grundlage von Erlerntem und Erfahrenem*.

Entscheidungssicherheit und *-freude* als Leadership-Merkmale sind demzufolge im Tragwerk aus *Lernen* und *Erfahrung* fest verankert, ebenso wie das *Selbstbewusstsein* und die *Gelassenheit*. Letztere wächst mit der Menge an gemachten verschiedenartigen Erfahrungen. Der Leader strahlt dann die größte *Gelassenheit* aus, wenn er in seinem Leben gewissermaßen „alle Situationen" bereits einmal oder mehrfach erlebt hat; wenn er nahezu „alle" wesentlichen wirtschaftlichen Schlachten durchgestanden hat und daher von keinem Gegner mehr wirklich überrascht wird. Der in der Wirtschaft nicht selten auftretende Überraschungseffekt birgt trotz guter Vorbereitung auch bzw. gerade für erfahrene Leader immer wieder Gefahren. Etwa jene, dass sie aufgrund ihrer vorhandenen Erfahrungen und aufgrund ihres Wissens bzw. Könnens dazu verleitet werden, auf bestimmte neue Situationen mit zu großer Gelassenheit zu reagieren. Risiken und Folgewirkungen können falsch eingeschätzt werden, wie der tägliche Blick in die weltweiten Wirtschaftsmedien eindrücklich zeigt.

Zu den klingenden Namen der jüngeren Wirtschaftsgeschichte zählen Konzerne wie etwa *Nokia*, bis zur Einführung des *iPhones* Weltmarktführer im Bereich Mobiltelefonie. *Nokia* reagierte jedoch zu spät auf die Veränderung der weltweiten Nachfrage in Richtung Smartphones, verlor massiv an Marktanteilen und wurde 2014 von *Microsoft* übernommen. Ein ähnliches Schicksal ereilte *Kodak*, den Weltmarktführer im Bereich analoger Fotografie. Produkte wie der *Super-8-Film*, *Instamatic*-Kameras oder der *Kodachrome*-Negativfilm waren Welterfolge. Doch der immer massiver werdende Trend zur Digitalisierung ab den späten 1980er-Jahren wurde zu lange als Risiko unterschätzt. Der strategische Konzernumbau von *Kodak* erfolgte zu spät und zu langsam, sodass das Unternehmen 2012 sogar in die Insolvenz schlitterte. Kodak war letzten Endes gezwungen, sein Kerngeschäft aufzugeben und vernichtete den größten Teil seines Firmenwertes, der von ca. 31 Mrd. $ (1995) innerhalb von 20 Jahren auf ca. 0,6 Mrd. $ (2015) fiel. Das Regulativ, welches derartige *Leadership-Fallen* des übersteigerten Selbstbewusstseins, der übermäßigen Gelassenheit aufgrund von Größe, Marktanteilen oder beeindruckender Firmengeschichte nicht zuschnappen lässt, heißt *Achtsamkeit* und ist eines der zentralen Leadership-Merkmale. Kompetenz im Leadership basiert daher auf einem *Gleichgewicht aus Erlerntem und Erfahrung*, die ihrerseits das stabile Grundgerüst für die Ausbildung der Leadership-Merkmale bilden.

Handeln

Das als Bild verwendete *tragende Gerüst von Lernen und Erfahrung*, an welchem die Leadership-Merkmale festgemacht sind, ist jedoch keine statische Angelegenheit, kein unbewegliches Konstrukt. Lernen und Erfahrung können – um ein anderes Bild zu gebrauchen – auch als fruchtbarer Boden angesehen werden, auf dem Leadership-Eigenschaften optimal gedeihen können. Der Gesamtzusammenhang ist demnach ein *mehrdimensionaler Ansatz*: Er besteht aus *theoretischer Fundierung* und *erfahrungsbasierten Prozessen*, deren Ergebnisse dynamisch sind. Sie führen zu *Handlungen*, d. h. zu *zielgerichteter Aktivität*. Aufgaben, Fragestellungen und Probleme müssen gedanklich erfasst, mit den vorhandenen Erfahrungen abgeglichen und sodann *handelnd*, d. h. durch *zielorientiertes Tun* einer Lösung zugeführt werden.

Vergegenwärtigt man sich die Definitionen von *Management*, *Führung* und *Leadership* in den vorangegangenen Kapiteln dieses Buches, dann wird sichtbar, dass *im Kern des Leaderships das Element des Handelns* steht: „*Leadership bedeutet, andere Menschen für neue Denk- und Verhaltensweisen bereit zu machen, sie zu inspirieren, zu begeistern und sie zu befähigen, erwünschte Handlungen auch setzen zu wollen.*" Es ist jenes *Tun*, das wünschenswerte Handlungen anderer Menschen nach sich zieht. Als Tun ist es ein *Handlungsverbund*, der aus zahlreichen mit einander verbundenen Handlungen und aufeinander aufbauenden Handlungssträngen besteht. Das Tun des Leaders besteht aus *Einzelvollzügen von Handlungen*, die man – ähnlich wie im Falle einzelner Bäume, welche man erst mit Abstand als Wald erkennt – erst mit der nötigen Distanz als Führung wahrnimmt. Indem die Einzelhandlungen und Einzelwirkungen dieses Tuns miteinander verbunden sind, entsteht *Leadership als System*. Es wird als *zweckgebundene Gesamtheit des Handelns* für die Teammitglieder erkennbar. Wenn es in sich logisch, zielorientiert und erfolgsversprechend wirkt, wird es sehr rasch anerkannt und als positiver Anstoß für Handlungen der Teammitglieder und Mitarbeiter akzeptiert.

Im inhaltlichen Zentrum des Handelns, d. h. in jenem wozu der Leader *inspiriert, begeistert* und *befähigt,* stehen wiederum Ziele: *„Ohne Ziele sind Handlungen undenkbar. Sie steuern den Einsatz der Fähigkeiten und Fertigkeiten von Menschen im Handlungsverlauf … Ziele veranlassen zu Handlungen, organisieren und richten sie auf die angestrebten Ergebnisse aus."*[45] Je nach den Erwartungshaltungen, wie etwa der Erfolgswahrscheinlichkeit oder der Attraktivität von Zielen und je nach der Persönlichkeit eines Mitarbeiters oder Teammitglieds, bestehen individuelle Motivationslagen hinsichtlich der Zielverfolgung. Genau an dieser Stelle kommen die *Leadership-Merkmale* zum Tragen: Der Leader *begeistert* und *befähigt* zur Bewältigung von gestellten Aufgaben, d. h., er ist in der Lage das *Motivationsniveau* des Einzelnen anzuheben, sodass ein höheres Maß an *Zielbindung* entsteht. Damit wird die Wahrscheinlichkeit der Zielerreichung signifikant angehoben und die Leistungserbringung des Einzelnen und auch jene des gesamten Teams erhöht.

Somit hat der Leader sein Team dazu befähigt, eine Leistung zu erbringen, welche das Team *ohne* seinen Leadership-Einfluss nicht geschafft hätte. Beispiele aus Unternehmen, die den Wechsel von reinem Management hin zu einer Kombination aus charismatischem Leadership und Management geschafft haben, existieren ebenso zahlreich wie Beispiele aus dem Sport. Teamsportarten wie etwa Fußball zeigen dies immer wieder: Das Leadership nimmt Einfluss auf die individuellen Einstellungen der Spieler. Der Trainer/Teamchef erhöht die Gesamtleistung des Teams, indem er die einzelnen Persönlichkeiten auf das Gesamtziel hin ausrichtet und einstellt. Dieser Transformationsprozess der Einzelindividuen hin zu Teamspielern wirkt sich positiv auf die realen Spielsituationen aus. In weiterer Folge verbessert es sowohl die taktische Umsetzung als auch das zielgerichtete Agieren und Können jedes einzelnen Spielers. Dieser Mechanismus besitzt Parallelen zur strategischen und operativen Führung in der Wirtschaft: Arbeitet ein kompetenter

---

45 Kleinbeck, 2010, S. 285 f.

Leader mit einem Team aus hervorragenden „Einzelspielern" und bringt seine gesamten Leadership-Merkmale zur Geltung, die in einem Gerüst aus erlernten Inhalten und Erfahrung verankert sind, dann ist sein folgerichtiges Handeln in der Lage, Höchstleistungen des Teams zu bewirken.

5.2 Erfahrungsbasierter Lernzyklus nach David Kolb

Die Wurzeln des *erfahrungsbasierten Lernens* können zweieinhalb Jahrtausende zurück bis zu Konfuzius verfolgt werden. Wie eingangs dieses Kapitels zitiert, meint Konfuzius, dass das Sprechen und Zeigen – so notwendig es auch ist – niemals das Tun oder das Involviert-Werden in eine zu lösende Situation ersetzen kann.

Erfahrungslernen als Idee und Konzept geht von den folgenden Grundgedanken aus: Je aktiver die Auseinandersetzung bei der Bewältigung von Problemen abläuft, je mehr Reflexionsprozesse entstehen, desto besser funktioniert der Lernprozess und desto höher ist der Lernfortschritt. Lernen erfolgt nicht so sehr von „außen", indem Inhalte vermittelt werden, sondern es erfolgt von „innen". Sobald Wissen und Problemlösungen vonseiten des Lernenden „innen" erarbeitet, rekonstruiert, aktiv erfahren und wiederum mit neuem Wissen verbunden und „aufeinandergetürmt" werden, wachsen sowohl das Wissen als auch die Erfahrung. Je vielschichtiger und je intensiver die individuellen Erfahrungen sind, desto effizienter verläuft der Lernprozess. Die Impulse für das Erfahrungslernen können sowohl aus der Problemstellung selbst als auch aus der Umgebung des Lernenden kommen. Wichtige Quellen im Lernprozess entstehen jedoch auch aufgrund der sozialen Interaktion, etwa jener der Teammitglieder eines Projektes und ermöglichen zusätzlich auch lehrreichen Erfahrungsaustausch. Diese Kommunikation von Erfahrungen ist ein wichtiger Bestandteil des Reflexionsprozesses, der in jedem Lernenden aufgrund von individuellen Erlebnissen abläuft, weil es das Nachdenken über das Erlebte vom Blickwinkel anderer Menschen in Gang setzt.

Erfahrungsbasiertes Lernen ist demzufolge aktives Handeln, ein tätiges Vorantreiben von Lernprozessen durch die lernenden Personen. Es ist die aktive, handelnde Rolle des Lernenden als ergänzende Erweiterung der Vermittlung. Im erfahrungsbasierten Lernen instruiert der Lehrer nicht, sonder nimmt die Rolle eines Coaches, eines Begleiters ein; als solcher erläutert und präzisiert er die zu lösenden Problemstellungen und begleitet mit mehr oder weniger intensiver Unterstützung die Lösungswege. Wie ein Leader benützt er das Element des *enabling*, d. h. er *ermöglicht* es den Lernenden, lehrreiche Erfahrungen zu machen, indem er sie in einen besonderen Lernkontext versetzt, in welchem sowohl Erlebnisse ermöglicht als auch Einsichten aus diesen gewonnen werden können.

Die mit diesem Thema untrennbar verbundenen Thesen des US-amerikanischen Forschers *David A. Kolb*[46] sollen in diesem Zusammenhang daher auch nicht unerwähnt bleiben. Kolb, der seit Jahrzehnten zu einem Teilgebiet der Organisationspsychologie wissenschaftlich arbeitet, nämlich zu den Wechselwirkungen zwischen Menschen und betrieblichen Organisationen, hat sich auf *Erfahrungslernen* spezialisiert. In seinen Studien finden sich zahlreiche Thesen, auf welchen sein *erfahrungsbasierter Lernzyklus* aufbaut:[47]

⇨ Der Lernbegriff ist *streng prozessbezogen*, d. h., Lernen soll *nicht* vom Ergebnis her gedacht werden, sondern ausnahmslos als kontinuierlicher Prozess. Prozessen innewohnend sind Veränderungen und wiederkehrende Abläufe des neuerlichen, wiederholten Lernens, des Anpassens und Festigens von Gelerntem.

---

46 Anm.: David A. Kolb ist Professor für *Organzational Behavior* an der *Weatherhead School of Management* der *Case Western Reserve University* in Cleveland, Ohio.
47 vgl. Kolb, 1984, S. 26 ff.

- Der *kontinuierliche Lernprozess* beruht stets auf der gemachten Erfahrung von Menschen. Im Erfahrungsprozess selbst gibt es verschiedene Zustände, der Lernende ist oftmals der *Agierende* und häufig auch *reflektierender Beobachter* seiner Aktivitäten.
- Lernen ist *der Hauptprozess* im Bereich der menschlichen Anpassung an die Welt. Dieser Anpassungsprozess ist gemäß seiner Natur durchgängig sowohl spannungs- als auch konflikterfüllt.
- Lernprozesse machen die *Lösung von Zielkonflikten* notwendig, die zwischen den verschiedenen Anpassungsweisen an die uns umgebende Welt im Allgemeinen und die Welt der Wirtschaft im Besonderen bestehen.
- Jeder Lernprozess erzeugt *Übergänge* zwischen der Person und der sie umgebenden gesamten Umwelt, dem „… »*real world*« *environment*"[48]. An diesen Übergängen und Schnittstellen zu Menschen, Organisationen und Situationen werden Erfahrungen gemacht und gesammelt.
- *Lernen ist ein Prozess des Erzeugens von Wissen* und bedeutet auch, dass das Wissen im Verlaufe der Zeit kumuliert, sich vermehrt.

Die Definition von Lernen, die David A. Kolb gibt, lautet: „*Lernen ist jener Prozess, bei dem Wissen durch die Verwandlung von Erfahrung erzeugt wird.*"[49] Demzufolge wird Wissen „im Menschen erzeugt" und nicht bloß „an Menschen übertragen", wie dies etwa ein Funkspruch, eine Radionachricht oder ein Podcast tun. Basierend auf diesen Grundsätzen hat Kolb den erfahrungsbasierten Lernprozess in einem Modell dargestellt:

---

48 Kolb, 1984, S. 34
49 „*Learning is the process whereby knowledge is created through the transformation of experience*", Kolb 1984, S. 38

Abbildung 17: Kreislauf des Erfahrungslernens nach David A. Kolb[50]

Der dargestellte Kreislauf, genauer gesagt die sich nach oben entwickelnde *Spirale des Erfahrungslernens* deutet an, wie Erfahrungen zu Wissen und zu Know-how transformiert werden können. Von ihrer Problemstellung her erfasste Situationen werden durch aktives Handeln einer Lösung zugeführt, es werden konkrete, positive wie negative Erfahrungen gemacht. Im nachfolgenden Reflexionsprozess werden diese nochmals gedanklich durchlebt, danach werden Schlüsse gezogen, es wird aus der gemachten Erfahrung gelernt, um dieses Gelernte in eine erneute Handlungsphase überzuleiten, erneut zu planen, fehlerfreier zu planen, besser umzusetzen usw. Dieser Kreislauf bewegt sich wie eine Spirale empor,

---

50 Eigene Darstellung in Anlehnung an Kolb & Kolb, 2009.

d. h., qualitativ wird bei jedem Durchlaufen des Zyklus die Qualität der Planungen, Entscheidungen und Handlungen höher.[51] Das Durchlaufen aktiver Erfahrungsprozesse mit anschließenden Nachdenkphasen und Aufbereitungsphasen für erneutes Handeln stellt nach Kolb jenen Transformationsprozess dar, der Erfahrungen in allmählich anwachsendes Wissen verwandelt.

5.3 Zusammenfassende Erläuterung „Lernen"

Die wichtigsten Elemente des *Lernens* sollen mit Blick auf das *Erlernen von Leadership* im Folgenden zusammengefasst werden:

- Lernen sollte weniger als Tätigkeit, sondern vor allem als Prozess betrachtet werden.
- Zu diesem Prozess zählen: Aufnahme, Verarbeiten, Speichern und Wiedergabe von Informationen.
- Bestehende Informationen sollen mit neu hinzukommenden auf sinnvolle Weise verknüpft werden.
- Die Lernkurve bzw. die Vergessenskurve bilden den Erfolgsgrad des Lernprozesses im Zeitverlauf ab.
- Die Steilheit bzw. Flachheit von Lern- und Vergessenskurven hängt jeweils ab von der Menge an zu verarbeitender Information, der Zeitspanne, Lernbereitschaft, den Vorkenntnissen und der Lehrmethode.
- Der Lernprozess ist kumulativ, d. h., Informationen bauen auf bestehenden Informationen auf.
- Wiederholungen mit minimalen methodischen Abänderungen festigen das erworbene Wissen und verknüpfen vorhandene Informationen miteinander.

---

51 vgl. Kolb & Kolb, 2009, S. 43 ff.

- Das Durchlaufen eines Lernprozesses steigert das *Selbstbewusstsein*, erhöht den *Mut zu Entscheidungen* und die *Gelassenheit* in schwierigen Situationen.
- Das verbesserte Beherrschen von Lerninhalten verstärkt das *Begeisterungsvermögen* und die *Kreativität*, als Bereitschaft erworbenes Wissen auf neue Weise zu verknüpfen und auch weiterzugeben.
- Im Falle des Erlernens von Leadership ist das rein kognitive Lernen, die ausschließlich theorievermittelnde Führungsausbildung unzureichend. Lerneffekte von erzielten Erfolgen und begangenen Fehlern werden nicht erfahrungsbezogen genug verankert.

5.4 Zusammenfassende Erläuterung „Tun"

Leader *entscheiden* für andere und *übernehmen Verantwortung* für andere. Sie handeln auf der Grundlage ihres Wertekatalogs, der einem Abbild ihrer Persönlichkeit entspricht.

- Leadership ist jener Verbund von Handlungen, der erwünschte Handlungen *anderer* Menschen nach sich zieht.
- Zu diesen erwünschten Handlungen werden Menschen durch Leadership *inspiriert* und *befähigt*.
- Die Inspiration, Begeisterung und Befähigung führt dazu, dass Menschen diese erwünschten Handlungen auch setzen *wollen*.
- Nicht die Anordnung, sondern die befähigende, inspirative Ermutigung zu handeln charakterisiert jenes Tun, welches als Folge von Leadership entsteht.
- Der Leader verbindet Einzelvollzüge von Handlungen miteinander, sodass Leadership als zweckgebundenes System bestehen bleiben kann.
- Die Basis des sozialen, wirtschaftlichen und ethischen Handelns des Führenden kann mit seinen Werthaltungen umschrieben

werden. Diese resultieren wiederum in der Befähigung zu zielgerichtetem Tun der von ihm Geführten.
- Zielvorstellungen divergieren häufig, von individuellen Motivationslagen bis hin zu Einschätzungsunterschieden der Erfolgswahrscheinlichkeit und der Attraktivität von Zielen.
- Das Handeln aufgrund von Leadership-Einfluss führt dazu, dass unterschiedlich ausgeprägte Zielvorstellungen und Motivationsniveaus auf ein gemeinsames Niveau gehoben werden und damit ein hohes Maß an Zielbindung entsteht.
- Die Gesamtleistung, die ein Team aufgrund von Leadership erbringt, ist stets mehr als die Summe der Einzelleistungen seiner Teammitglieder.

5.5 Die Kraft der Verbindung aus Lernen und Tun

Welche Kraft entsteht aus *Lernen* und *Tun*? Wie wird diese Kraft freigesetzt? Und was bewirkt Lernen und Tun als *Umsetzung*, damit diese Kraft entsteht?

Die Bausteine und Ergebnisse des Lernens, die Stärken und Schwächen des Lernprozesses und auch die Komponenten des Handelns wurden – jede für sich genommen – gezeigt. Verbindet man jedoch die beiden grundlegenden Elemente, jenes des *Lernens* mit jenem des *Tuns*, so entsteht aus dieser Verbindung eine neuartige Kraft. Diese Verbindung kann durchaus mit einer Legierung von zwei Metallen verglichen werden, wie etwa das weiche Kupfer und das spröde Zink, deren Verschmelzung den Werkstoff Messing mit wesentlich besseren Gesamteigenschaften ergibt. Die Legierung von *Lernen* und *Tun* ergibt ebenfalls einen neuen „Werkstoff": Neue, bis dahin nicht sichtbare Kräfte gelangen durch die Verschränkung von Lernen und Tun zum Vorschein und werden ausgeschöpft.

Lernen und *Tun*, d. h. das *Lernen im Kontext des aktiven Handelns*, ist mehr als nur die Erweiterung des Wissens, es ist ein tätiges Vorantreiben des Lernprozesses selbst. Die lernende Person nimmt den Prozess des problemlösenden Lernens selbst in die Hand. Dabei werden nicht nur der Intellekt, sondern auch die physischen Fähigkeiten angesprochen und prägen sich als Gelerntes ganzheitlich, d. h. wissens- und gefühlsmäßig ein, wobei auch die körperlichen Aspekte mitspielen.

Die Elemente des Tuns erweitern das Lernen durch ihr Einbringen von Erlebnissen und Erfahrungen, die dann im Lernprozess reflektiert werden. In ähnlicher Weise wirken sich die Elemente des Lernens auf die Vielfalt des Handelns positiv aus. Die lehrreichen Erfahrungen, die aus konkretem Tun entspringen, bewirken eine Erweiterung des Lernkontext. Sei es durch Experimentierfreude bei der Lösung von Problemen, sei es durch verbesserte Anpassungsleistungen aufgrund gemachter praktischer Erfahrungen.

Die Wechselwirkung von Tun und Lernen, von verändertem Handeln und erneutem Lernen hin zu einem noch weiter verfeinerten und präzisierten Tun ist ein Prozess der *Transformation von Erfahrung in Wissen*. Dieser Prozess läuft – bewusst oder unbewusst – seit den frühesten menschlichen Kulturen ab und wurde in den Jahrzehnten der Globalisierung extrem beschleunigt. Als Trend wird dieser Tranformationsprozess zukünftig fortbestehen, vor allem deshalb, weil Kräfte aus der Verbindung von Lernen und Tun freigesetzt werden, welche die Entwicklung befeuern. Diese „Legierung" aus Handeln und Lernen kann durch nichts substituiert werden, das in seiner Umsetzung ähnliche Kräfte der Verbindung freisetzen könnte.

5.6 Die Quintessenz: *Das Leadership-Labor*

Was *Leadership* bedeutet, welche *Voraussetzungen* dafür nötig sind, welche Rolle die *Persönlichkeitsmerkmale* spielen und welche Kräfte aus der Symbiose von *Lernen* und *Tun* entstehen, wurde ausführlich dargelegt. Dies brachte uns auf die Idee, als Zusammenführung der verschiedenen Verfahrensweisen, Techniken und Aktivitäten ein *Leadership-Labor* zu entwickeln.

Was aber passiert in unserem *Leadership-Labor*? Was ist überhaupt ein *Labor für Leadership*? Welche Ergebnisse kann und soll man von einem *Leadership-Labor* erwarten?

Was in diesem zusammenfließt, ist nicht mehr und nicht weniger als die Quintessenz unseres Zugangs. Es ist die Synthese aller unserer Ansätze, die methodisch in diesem „Entwicklungslaboratorium" zusammenkommen und von dort aus einen Entwicklungsprozess – oder besser gesagt eine „positive Kettenreaktion" in Gang setzen.

Wie der Name bereits verrät, werden in unserem Leadership-Labor *Versuche* und auch ganze Versuchsreihen gemacht. Es werden Situationen im Leadership-Kontext erzeugt, um Dinge auszuprobieren und Methoden zu testen, Positionen auszuloten und Grenzen zu erfahren. Grenzen des eigenen Handelns und jenes der anderen Teammitglieder. *Off-the-job* werden zunächst einfache Leadership-Aufgaben gestellt, die es zu bewältigen gilt. Im Fortschreiten des Leadership-Labors werden diese hinsichtlich ihres Schwierigkeitsgrades immer weiter gesteigert, bis hin zu sehr komplexen Problemstellungen mit mehrdimensionalen Aufgabenblöcken bzw. -kombinationen. Es werden die dafür nötigen Anpassungsleistungen aber nicht nur von den Teilnehmern abverlangt, auch das Labor selbst erbringt diese. Es initiiert, begleitet und gestaltet einen Entwicklungsprozess von leicht nach schwer, von einfach zu komplex und passt das Tempo des Prozesses und die Zunahmegeschwindigkeit der Komplexität individuell an die handelnden Personen an.

Die persönlichen Skills, Verhaltensweisen und Erfahrungen, die zum Einsatz gelangen, um vorgegebene Problemstellungen zu meistern, können ausprobiert bzw. ausgelotet werden. Und wie in einem Labor Tag für Tag üblich, dürfen Versuche auch scheitern; sie „sollen" sogar ab und zu scheitern, damit das Erfahren von Niederlagen nicht nur ein theoretisches Konstrukt bleibt, sondern tatsächlich durchlebt wird. Fehler, die in einem Leadership-Labor begangen werden, haben keine Konsequenzen, sondern bereichern die Erfahrung und das Lernen. Fehler können, ja sollen passieren, jedoch nicht *on-the-job*, sondern *off-the-job*. Nicht die Unternehmensrealität, sondern die Realität des Leadership-Labors ist jener Ort, an dem die Fehler passieren dürfen. Außerhalb des konkreten organisationalen Arbeitsumfeldes sind Fehler „gestattet", denn letztendlich kommen diese erfahrungsbasiert stets wieder den Lernenden zugute; und über diesen Umweg, indirekt auch den Unternehmen.

Das *Leadership-Labor* ermöglicht eine Lernmöglichkeit, welche die Wirtschaftswelt außerhalb des Labors nicht oder nur in sehr eingeschränktem Ausmaß zur Verfügung stellen kann: Der Umgang mit Risiko, das Abschätzen und Eingehen von Risiken und die Konsequenzen daraus. In der realen Unternehmenswelt stellt das Eingehen von Unternehmensrisiken für Leader stets ein Herantasten an Grenzwerte dar. Daher dauert ein signifikanter Lerneffekt im Bereich der Risikohandhabung als Leader oftmals Jahre. Im Leadership-Labor hingegen ist die Herangehensweise eine völlig andere: Die Komfort-Zone kann zwar nicht ohne innere Spannung, jedoch ohne Gefahr verlassen werden. Risiko *kann* und *soll* genommen werden; nicht zum Spaß oder völlig unkontrolliert, sondern wohldosiert und klug kalkuliert. Die positiven oder negativen Konsequenzen aus zu risikoadversen Strategien oder zu risikoreichen Entscheidungen können im Leadership-Labor in aller Ruhe diskutiert werden. Sie haben keinerlei unmittelbare Folgen im Beruf und können als Labor-Experiment in aller Ruhe analysiert werden, um daraus die richtigen Schlüsse zu ziehen.

Eines der konkreten Beispiele im Bereich des Leadership-Lernens betrifft beispielsweise den Themenbereich der Angst; etwa die Angst davor, die falsche Entscheidung zu treffen. Wie kann die Angsterfahrung in einen positiven Lerneffekt verwandelt werden, wenn die berufliche Zukunft unmittelbar von der Entscheidung abhängt? Im Leadership-Labor wird außerhalb des unmittelbaren beruflichen Umfeldes der Zustand der Spannung und Ungewissheit bewusst herbeigeführt. Der Respekt davor, eine Felswand bewältigen zu müssen, soll sich als durchlebte Erfahrung positiv auf Führungs- und Entscheidungssituationen in der Unternehmensrealität auswirken. Aufgrund von *bewältigten Angsterfahrungen* können beruflich *mutigere* und *erfolgreichere* Entscheidungen getroffen werden. Die Entscheidungsfindung kann *selbstsicherer* und *souveräner* erfolgen, womit eines der wichtigen Leadership-Merkmale angesprochen ist.

Die tägliche Hektik des Business-Lebens lässt kaum Zeit für die persönliche Entwicklung. Diese muss gewissermaßen nebenbei und „im Mitlaufen" vorangetrieben und erweitert werden. Lernen braucht Zeit; Zeit für die Reflexion des eigenen Tuns, für das Setzen von Prioritäten sowie für bedachtsames Planen und selbstsicheres Handeln. Genau diese Zeit steht im Labor zur Verfügung: Anstatt zu lehren und zu belehren stehen die Elemente des *Erfahrens*, *Zuhörens* und *Beobachtens* im Zentrum des Leadership-Labors. Intensives Coaching bedeutet „beim Machen von Erfahrungen" kompetent begleiten; dies gilt für sämtliche unserer „Laborexperimente" auf dem Weg zu exzellentem *Führungs-Können*.

Die strategischen Ziele im Labor kreisen um *Leistungsbegriffe*, wie etwa verbessern und weiterkommen wollen, nicht stehen bleiben, sich selbst bzw. etwas überwinden, etwas können und erreichen wollen, um nur einige wenige zu nennen. Die Steigerung der Aufgabenstellungen in den verschiedenen Settings und Planspielen – von einfacheren Indoor- und Outdoor-Aufgaben bis hin zu komplexen Aufgabenkombinationen, die nur mittels Teamarbeit und Gruppenzusammenhalt bewältigbar sind – dient der Maximierung des erfahrungsbasierten Lernens. Wie bereits in den theoretischen Abschnitten dieses Buches ausgeführt, müssen Leader kontinuierlich Entscheidungen treffen und dabei gleichzeitig auch die Befindlichkeiten, Ängste und Befürchtungen der Teammitglieder berücksichtigen. „Chancendenker" und „Problemdenker" kommen dabei alle auf ihre Rechnung und werden sich zudem ihres eigenen Charakterbildes und ihrer Persönlichkeitsstruktur deutlicher bewusst. Sie müssen nicht nur motivieren, sondern auch helfen und es ermöglichen, dass ihr gesamtes Team ein gestelltes Ziel erreicht. Von Fall zu Fall müssen sie sich durchsetzen, um Dinge in Gang zu bringen oder kritische Situationen zu lösen.

Im *Leadership-Labor* fällt die fundierte führungstheoretische Grundlage mit dem Erfahrungslernen zusammen. Die Theorie bildet im Labor Schnittmengen mit der Praxis, indem das Erleben und Erfahren den Lernprozess bestimmt und beschleunigt. Es ist lebendig, dynamisch und anpassungsfähig, es ermöglicht vielfältige Erfahrungen, die in der Art von entwickelten, passenden Werkzeugen aus dem Labor in die organisationale Realität mitgenommen werden können.

6 Tu es – jetzt!

Die Transformation des Erfahrenen, des Gelernten und Durchlebten auf den jeweils eigenen Arbeitsplatz und die eigene Führungssituation ist das *Alleinstellungsmerkmal* und der unschätzbare Vorteil des *Leadership-Labors*. Nicht nur die Methoden, das gesamte Leadership-Labor ist universell und auf zahlreiche Disziplinen anwendbar.

In ihm wird nicht nur die individuelle Persönlichkeitsentwicklung weiter vorangetrieben, es wird auch ganz besonders auf den Ausbau von Teamarbeit und die Intensivierung von Teamentwicklung geachtet. Mit diesem Anspruch richtet es sich ausdrücklich auch an die Personalentwickler und HR-Verantwortlichen von Unternehmen aller Größenordnungen. Es unterstützt deren Zielsetzungen im Bereich der Sicherung und Entwicklung des bestehenden Führungskräftebestandes als auch jene der Planung und Vorbereitung des zukünftigen Bedarfs an Leadern bzw. Nachwuchsführungskräften. Der Beitrag, den Human Resources, über die Bereiche der Rekrutierung hinaus, hinsichtlich der organisationalen Leistungsverbesserung und Mitarbeitermotivation leisten kann, ist von hoher Bedeutung. Das Leadership-Labor deckt einen weiten Bereich dieser HR-Aspekte ab, indem es auf alle Kernkompetenzen der Führung abzielt, deren unternehmensweite Erhöhungen wichtige Aufgaben der Personalentwicklung bilden.

„*Just do it!*" ist Auftrag, Motto und zugleich die Aufforderung, sich auf das *Leadership-Labor* einzulassen. *Einlassen* ist in diesem Zusammenhang als *Bereitschaft* zu verstehen, neue Zugänge finden und neue Lösungsansätze ausprobieren *zu wollen*. Sich einzulassen bedeutet auch, Menschen *off-the-job* in kurzer Zeit und in einem völlig anderen Umfeld näher und besser kennenzulernen, als dies in Monaten oder Jahren der Zusammenarbeit in Unternehmen oftmals der Fall ist. Das Leadership-Labor „zu betreten" bedeutet auch, die innere Zustimmung dazu zu geben, es mit einigen Neupositionierungen hinsichtlich der eigenen Person wieder zu verlassen. Es besteht die Gelegenheit, den eigenen Führungsstil, die eigenen Vorstellungen von Führung auf den Prüfstand zu stellen und die Ergebnisse im Sinne von Werkzeugen und Erfolgsfaktoren mitzunehmen.

Zu guter Letzt beinhaltet das *Leadership-Labor* jede Menge Spaß! Seine Methoden haben besonders hohe Erlebniswerte und besitzen nachweislich hohen *Fun-Faktor*. Dies wirkt sich auf das Klima der Teilnehmergruppen positiv aus. Das Motivationsniveau steigt ebenso wie die Lust, sich aktiv in das Leadership-Lernen einzubringen. *„Lass es mich tun und ich werde es können"*, lauten die Worte des Konfuzius, die wir sinnbildlich über den Eingang zu unserem *Leadership-Labor* geschrieben haben.

7 Literaturliste

Achtziger, Anja & Gollwitzer, Peter M. (2010). **Motivation und Volition im Handlungsverlauf**, S. 309–335, in: Heckhausen, Jutta & Heckhausen, Heinz (Hrsg.). Motivation und Handeln. Berlin: Springer Verlag

Báles, Robert F., et al. (1951). **Channels of Communication in Small Groups**. American Sociological Review. 16/4: 461–468.

Bass, Bernard M. & Avolio, Bruce J. (1993). **Transformational Leadership: A Response to Critiques**, S. 49–80, in: Chemers, Martin M. (Hrsg.). Leadership Theory and Research. Perspectives and Directions. San Diego: Academic Press

Bass, Bernard M. (1985). **Leadership and Performance Beyond Expectations**. New York: Free Press

Berthel, Jürgen & Becker, Fred G. (2013). **Personal-Management. Grundzüge für Konzeptionen betrieblicher Personalarbeit**. Stuttgart: Schäffer-Poeschel Verlag

Bin Yuen, Tey (2011). **Life beyond the comfort zone**. Tey Bin Yuen.

Blake, Robert R. & McCanse, Anne A. (1995). **Das GRID-Führungsmodell**. Düsseldorf: Econ Verlag

Blum, Adrian & Zaugg, Robert J. (2008). **360-Grad-Feedback. Komplexe Arbeitsbeziehungen erfordern differenzierte Feedbacksysteme**, S. 66–84, in: Thom, Norbert & Zaugg, Robert J. (Hrsg.). Moderne Personalentwicklung. Mitarbeiterpotenziale erkennen, entwickeln und fördern. Wiesbaden: Gabler Verlag

Burns, James M. (1978). **Leadership**. New York: Harper & Row

Cable, Daniel M. (2007). **Change to strange – Create a great organization by building a strange workforce**. Pearson Education Inc.

Costa, Paul, T. & McCrae, Robert R. (1992). **Multiple uses for longitudinal personality data.** European Journal of Personality. 6: 85–102.

Drucker, Peter F. (1955). **The Practice of Management.** London: Heinemann

Drucker, Peter F. (2003). **The Essential Drucker. The Best of Sixty Years of Peter Drucker's Essential Writings on Management.** New York: Harper Business

Gmür, Markus & Thommen, Jean-Paul (2011). **Human Resource Management. Strategien und Instrumente für Führungskräfte und das Personalmanagement in 13 Bausteinen.** Zürich: Versus Verlag

Goldsmith, Marshall, en collaboration avec Mark Reiter (2007). **De la réussite à l'excellence. – L'ultime échelon.** Les éditions Un monde différent.

HAYS (Hrsg.) (2014). **HR-Report 2014/2015. Schwerpunkt Führung. Eine empirische Studie des Instituts für Beschäftigung und Employability IBE im Auftrag von Hays für Deutschland, Österreich und die Schweiz.** Mannheim, Zürich, Wien: Herausgeber

Heckhausen, Jutta & Heckhausen, Heinz (Hrsg.) (2010). **Motivation und Handeln.** Berlin: Springer Verlag

Heimerl, Peter (2010). **Führen! statt R.A.B.I.A.T. handeln.** Wien: Facultas Verlag

Hersey, Paul, Blanchard, Kenneth H. & Johnson, Dewey E. (2001). **Management of Organizational Behavior. Leading Human Resources.** Upper Saddle River: Prentice Hall

Hüther, Gerald (2011). **Bedienungsanleitung für ein menschliches Gehirn.** Göttingen: Vandenhoeck & Ruprecht Verlag

Kleinbeck, Uwe (2010). **Handlungsziele**, S. 285–307, in: Heckhausen, Jutta & Heckhausen, Heinz (Hrsg.). Motivation und Handeln. Berlin: Springer Verlag

Kolb, Alice Y. & Kolb, David, A. (2009). **Experiential Learning Theory: A Dynamic, Holistic Approach to Management Learning, Education and Development**, S. 42–68, in: Armstrong, Steven J. (Hrsg.). The SAGE Handbook of Management, Learning, Education and Development. London: Sage Publications

Kolb, David, A. (1984). ***Experiential Learning. Experience as The Source of Learning and Development***. Englewood Cliffs: Prentice Hall

Kuhnert, Karl W. & Lewis, Philip (1987). ***Transactional and Transformational Leadership: A Constructive/Developmental Analysis***. Academy of Management Review. 12/4: 648–657.

Malik, Fredmund (2006). ***Bergsteigen und Management. Was können Manager von Alpinisten lernen?*** Berg und Steigen. 3: 65–69.

Matthew, Kelly (2007). ***The dream manager***. Beacon Publishing.

Palfrey, John & Gasser, Urs (2010). ***Born Digital. Understanding the First Generation of Digital Natives***. New York: Basic Books

Patterson, Kerry, Grenny, Joseph, McMillan, Ron & Switzler, Al (2006). ***Heikle Gespräche. Worauf es ankommt, wenn viel auf dem Spiel steht***. Wien: Linde Verlag

Pörksen, Bernhard & Schulz von Thun, Friedemann (2014). ***Kommunikation als Lebenskunst. Philosophie und Praxis des Miteinander-Redens***. Heidelberg: Carl Auer Verlag

Preiser, Siegfried (1978). ***Sozialisationsbedingungen sozialen und politischen Handelns***, S. 126–135, in: Landeszentrale für politische Bildung Rheinland-Pfalz (Hrsg.). Selbstverwirklichung und Verantwortung in einer demokratischen Gesellschaft. Mainz: Herausgeber

Rosenberg, Marshall (1999). ***Les mots sont des fenêtres (ou des murs) – Introduction à la communication non-violente***. Editions Jouvence

Scheer, Peter J. & Kasper, Helmut (2011). ***Leadership und soziale Kompetenz. Mit Erlebnisberichten von Führungskräften***. Wien: Linde Verlag

Schnorrenberg, Leonhard J., Stahl, Heinz K., Hinterhuber, Hans H. & Pircher-Friedrich, Anna M. (Hrsg.) (2014). ***Servant Leadership. Prinzipien dienender Führung in Unternehmen***. Berlin: Erich Schmidt Verlag

Scholz, Christian (2014). ***Generation Z: Wie sie tickt, was sie verändert und warum sie uns alle ansteckt***. Weinheim: Wiley-VCH Verlag

Scholz, Christian (2014). **Personalmanagement. Informationsorientierte und verhaltenstheoretische Grundlagen.** München: Verlag Franz Vahlen

Seliger, Ruth (2014). **Positive Leadership. Die Revolution in der Führung.** Stuttgart: Schäffer-Poeschel Verlag

Smith, Mark K. (2010). **David A. Kolb on experiential learning.** *http://infed.org/mobi/david-a-kolb-on-experiential-learning/* – abgerufen am: 02.05.2015

Staehle, Wolfgang H. (1999). **Management. Eine verhaltenswissenschaftliche Perspektive.**

Stahl, Heinz K. (2007). **„Leadership" unter der Lupe. Kann man Leadership erlernen? – Anforderungen an einen Leader.** CFO aktuell. Zeitschrift für Finance & Controlling. 1/2: 77–78.

Stobbe, Marcus (2008). **Lösungsorientiertes Management. Malik trifft De Shazer.** Books on Demand

Weibler, Jürgen (2012). **Personalführung.** München. Verlag Franz Vahlen

Wunderer, Rolf & Dick, Petra (2002). **Sozialkompetenz – eine mitunternehmerische Schlüsselkompetenz.** Die Unternehmung. 56/6: 361–391.

Wunderer, Rolf (2006). **Führung und Zusammenarbeit. Eine unternehmerische Führungslehre.** München: Luchterhand Verlag

8 Abbildungsverzeichnis

Abb. 1: Die Prinzipien Yin und Yang –
Management und Leadership........................... 18
Abb. 2: Gegenüberstellungen von Führung,
Management und Leadership........................... 20
Abb. 3: Leadership und Selbstführung 30
Abb. 4: Kommunikationsgegensatz:
Manager und Leader..................................... 31
Abb. 5: Manager und Leader von morgen.................... 35
Abb. 6: Das 360°-Feedback für Führungskräfte 49
Abb. 7: Erfolgreiches Konfliktmanagement................... 61
Abb. 8: Das Rubikon-Modell der Handlungsphasen........... 64
Abb. 9: Von der Absicht zum Entschluss...................... 66
Abb. 10: Verhaltenskriterien und
Ergebnisse der Sozialkompetenz 82
Abb. 11: Entwicklung der Sozialkompetenz................... 84
Abb. 12: Das Komfort-Risiko-Modell 91
Abb. 13: Das Komfort-Risiko-Modell und seine
Veränderung durch Entwicklung der Persönlichkeit....... 92
Abb. 14: Managerial Grid: Verhaltensgitter-Modell
nach Blake & McCanse 95
Abb. 15: Das Reifegrad-Modell 97
Abb. 16: Das Führungsstilkontinuum nach
Tannenbaum & Schmidt, ergänzt durch Wunderer........ 99
Abb. 17: Kreislauf des Erfahrungslernens
nach David A. Kolb....................................... 116

9 Autorenporträts

Gerhard Buzek

Offiziersausbildung (Theresianische Militärakademie), Führungsausbildung (Landesverteidigungsakademie), Trainerausbildung in erlebnisorientierter Methodik (USA & GB), Coachingausbildung (GB). Akademischer Wirtschaftstrainer, Master of Advanced Studies (MAS), Master of Training & Development (MTD) der Management Business School/ Universität Salzburg. Berufsoffizier des Österreichischen Bundesheeres, Bataillonskommandant und Hauptlehrsoffizier (Militärakademie), UN-Beobachter (Kairo/Suezkanal/Sinai), Berater, Trainer und Coach. Lektor: SMBS/Universität Salzburg, PEF Privatuniversität für Management, FH Wiener Neustadt, Theresianische Militärakademie.

Motto: *Mut ist die Fähigkeit, nicht fremde, sondern die eigenen Grenzen zu überwinden.*

Gabriela Leone

Absolventin des Graduate Institute (IHEID) in Genf mit einem Master in Political Sciences and International Studies. Zahlreiche Fachausbildungen im Bereich Human Resources, sowie Ausbildungen im Bereich Führung und Coaching, darunter das ICF zertifizierte Solution Focused Coaching. Seit 2001 unterwegs im Bereich Human Resources und Personalentwicklung – zuletzt als HR Director und Mitglied der Geschäftsleitung McDonald's Schweiz. Seitdem ist sie als selbstständige Unternehmensberaterin, Trainerin, Lektorin und Coach unterwegs. 2013 hat sie sich auch der Plattform Move Up Consulting angeschlossen.

Motto: *Man entdeckt keine neuen Weltteile, ohne den Mut zu haben, für lange Zeit alle Küsten aus den Augen zu verlieren.* (André Gide)

Halina Sobolewska

Studium der Pädagogik an der Universität Gdansk mit Magisterabschluss. Sie ist Akademische Wirtschaftstrainerin, Master of Advanced Studies (MAS) und unterrichtet an der Salzburg Management Business School der Universität Salzburg. Vor Ihrer Karriere als selbstständige Trainerin und Coach war sie als Projektmitarbeiterin bei CON MED Gesellschaft für medizinische Fortbildung und Publikation tätig. Zusätzlich zu ihrer Lehrtätigkeit an der SMBS/Universität Salzburg war sie Lektorin an der Fachhochschule Wiener Neustadt sowie dem Kokoco – Institut für Kommunikations-, Konfliktpädagogik und Coaching. Halina Sobolewska ist Mitbegründerin von *Move Up Consulting*.

Motto: *Jeder hat die Zukunft, für die er sich entscheidet.*

Der Verlag

> *Wer aufhört*
> *besser zu werden,*
> *hat aufgehört*
> *gut zu sein!*

Basierend auf diesem Motto ist es dem novum Verlag ein Anliegen neue Manuskripte aufzuspüren, zu veröffentlichen und deren Autoren langfristig zu fördern. Mittlerweile gilt der 1997 gegründete und mehrfach prämierte Verlag als Spezialist für Neuautoren in Deutschland, Österreich und der Schweiz.

Für jedes neue Manuskript wird innerhalb weniger Wochen eine kostenfreie, unverbindliche Lektorats-Prüfung erstellt.

Weitere Informationen zum Verlag und seinen Büchern finden Sie im Internet unter:

www.novumverlag.com